グローバル時代の

宗教と情報

文明の祖型と宗教

Religion
in the Age of Globalization

保坂 俊司　Shunji HOSAKA

北樹出版

序
グローバル時代の宗教と情報

　AIの日進月歩、否、秒進分歩の発達により急激に進む高度情報社会の現在、もはや情報は指先の動きひとつで自由に、そして容易に手に入れることができる時代である。その意味で情報は、一部の人間に寡占されるものではなくなりつつある。確かに、IT技術の発達、移動手段の進歩などにより、あらゆる方面で我々が入手できる情報量は、爆発的に増えている。今や我々は指先一本で、世界の隅々の情報を瞬時に得ることが可能となった。その意味で我々は人類がかつて体験したことのない程に、世界に開かれた時代を生きている。しかも、今や情報はすべての人間が自由に発信できる相互性を持ち、ますます多様な状況を生み出している。つまり、現代社会は、人・資本（もの、金）・情報の移動、交換手段の急激な発達により、かつてない膨大で、多方面にわたる直接・間接的な情報交流が可能となった、というわけである。これがいわゆるグローバル社会である。

　しかし、その一方で、情報の氾濫は、情報そのものの価値（の判断）を危うくしている。例えば、2017年にアメリカ大統領に就任したトランプ氏が「フェイク・ニュース」と連発して、メディア報道や、情報そのものの意義に大きな問いを投げかけた。彼は自らに不都合な情報をフェイク・ニュースと呼び退け、排除しようとする。しかも、その真偽の判定を待つことなく次々と一方的な情報を流し続け、事実と情報の整合性を敢えて無視し、世論を自らの賛同者に引き込むことに成功している。ここに高度情報化社会のひとつの問題点が浮き彫りになっている、と筆者は考える。いずれにしても、高度情報化とグローバル化によってもたらされた情報氾濫社会の問題点が、トランプ氏によって浮き彫りになったことは事実である。いずれにしても情報は多ければよいというもの

ではない。重要なことは、情報と事実との連続性を判断できる知力を持つことである。

　つまり、高度情報化時代の問題は、豊富な情報を如何に正確に判断するか、或いはできるかということである。なぜなら身の回りに溢れる情報は、実はそれだけでは単なる記号に過ぎない、重要なことはその記号を、公正で有益な情報として、自らが主体的に活用できるか否か、という点である。つまり、現代社会は、情報の収集に関しては、スマートホンやPC端末などを使うことで簡単に取得できる時代になったが、その一方で溢れかえる情報から、公正かつより真実に近く、社会のみならず自らに有益な情報を如何に選び取るか、そしてそれを如何に活用できるか、ということに重要性が移っている、ということである。

　いわば高度情報化社会においては、従来以上に情報の選択眼、活用能力が重要な時代になってきたのである。

　特に、情報の真贋を判断し得る能力が必要不可欠となる。そして、そのためには情報そのものへの正確な知識、教養が不可欠となる。しかも、グローバル時代は、個々人が情報の端末を駆使して、直接真偽が混在する膨大な情報の荒波に晒される状態にある。その意味でグローバル時代とは、寡占化された情報化時代には一部の情報エリートによって統制されることで守られてきた個々人が、直接情報の洗礼を受ける、つまり情報の保護バリアーが取り払われ、すべてを自己責任において処理しなければならない情報保護者のいない、情報フロンティア時代ということである（2部5：世俗主義の宗教性参照）。

　我々はこの情報の荒野に、否応なしに投げ出されたのである。そこは公正で正確な知識（羅針盤）を如何に学び、それを生かして生き抜くことが、一人ひとりに問われる時代である。では如何にしたらいいのか？　その答えのひとつが、リベラル・アーツ教育であり、その知識の習得である。このリベラル・アーツとは、日本においては大学の教養課程における教育を指し、様々な学問の基礎的な知識の習得を目的とするものである。しかし、今求められているのは、単なる教養としての基礎知識ではなく、グローバル化社会を生き抜くために不

可欠なより高度にして、抽象度も実用度も高い知識である。

　このリベラル・アーツの由来は、ヨーロッパの学問の伝統にある。周知のように、中世においては、学問の最高位に神学があり、その下に哲学があり、その基礎領域として、実用の智、つまり生きるために不可欠な領域（世俗社会）の知識やその学問がある。具体的には、文法学・修辞学・論理学の３学、および算術・幾何（幾何学、図形の学問）・天文学・音楽の４科を合わせた自由七科のことである。これがさらに、近代の大学教育、特に「大学の学士課程において、人文科学・社会科学・自然科学の基礎分野（disciplines）を横断的に教育する科目群・教育プログラムに与えられた名称である。」（一部ウィキペディア。『週刊ダイアモンド』誌参照）となっている。

　しかし、21世紀のリベラル・アーツは、基礎的な学問にとどまらず、否むしろ高度情報化社会において、我々が主体的に生きるために最も重要な知識領域となっているのである。なぜなら単なる知識の集積、解析はIAが桁違いの能力を発揮し、むしろリベラル・アーツによって育まれた総合的かつ実践的な知識こそ、高度情報化社会に不可欠な知識であると、欧米の一流大学、知識人は認識しているのである。そこで、本書では、このリベラル・アーツを「一般教養や基礎教養」学ではなく、「高度教養」学と理解して、特に、従来のリベラル・アーツにおいてやや軽視されていた宗教の存在を中心に、グローバル社会のより正確な理解のための基礎知識の習得をめざすこととする。

　では、このような時代において、重要な情報とは何か？　政治、経済等々日々の生活に関わる情報は、重要であることは勿論であり、議論の余地はないであろう。しかし、本書で扱う宗教についてはどうであろうか？　一般的な日本人には、グローバル時代、つまり科学が高度に発展してゆく現在にあって、宗教は過去の遺物であり、より科学が進歩すれば宗教は衰退してゆく、というような漠然とした「宗教無用論」的な意識があるかもしれない。

　日本人がそのような宗教観を抱くに至った理由は後に検討するが、現実のグローバル社会においては、宗教は衰えるどころか国際社会に良きにつけ悪しきにつけその存在感を増している。それを実感させる現象は、イスラムのテロリ

ズムの世界的な拡散と多様化・深刻化である。勿論、後にも論じるが「イスラム即ち危険な宗教」などという誤った理解の修正にも、正しい宗教情報が不可欠である（1部3：イスラム教とは何か参照）。グローバル時代の今や世界レベルの異文化間の交流が促進され、多様な文化の接触や融和が実現されている。そして中心に宗教の存在がある。

　グローバル社会において宗教の存在は、一層重要となっている。それは日常生活の身近なことから、世界紛争のレベルまで直接関わり、我々の生活とも複雑に絡み合っている故に、その正確な理解を可能にする智慧と情報収集・処理能力が、一層重要な存在となるのである。

　本書は、現代社会の理解を宗教の側面から試みようとするものであるが、その際、宗教学の領域を基本として、より広い文明学、特に比較文明学の方法論を用いて、これを論じる。なぜならば、宗教は文明のあらゆる部分の基礎と深い関係を持ち、この宗教の理解抜きには、文明そのものの枠組も不完全となるのみならず、現代の国際社会の動向においても、宗教要因を抜きにしては正確な理解は困難であるからである（2部1：文明の祖形としての宗教参照）。

　さらに、この観点は、特にグローバル社会に生きる日本人に不可欠なものであることを、本書では力説する。というのも、宗教的要素が、現実社会で一層重要度を増す国際社会において、その宗教への基礎的理解に欠け、その重要性に無頓着な日本人は、この宗教理解が不可欠な高度情報化社会では、大きなリスクを負うことになるからである。

　例えば、後に述べるように、複雑かつ深刻な宗教問題が内在する地域に、ビジネスあるいは観光に出かける機会が増加している昨今、宗教への知識は現実レベルにおいて一層重要となる。その時、日本人の宗教スタンダードでは、自らの身を守れない危険性がある。いわば、自らの生命の危機管理の上からも、宗教に関する正確な知識を持つことは、火急のことである（例えば、2部3：宗教民族主義の時代と危機管理参照）。

　いずれにしても、宗教に関する正確な知識を用いた、宗教情報の正確な処理とその活用は、現代流に言えば「自らの生命、財産を守る基本的なファイヤー

ウォール、バリアー・ソフト」を身につけることなのである。それがグローバル時代の危機管理のひとつの大きなテーマである。特に、宗教音痴の日本人には、喫緊の課題であると筆者は考えている。

目　次

序　グローバル時代の宗教と情報 ……………………………………………… 3

第1部　宗教とは何か

1　宗教と文明 ……………………………………………………………… 14

　　日本人の「宗教」意識の問題点　14

　　「宗教」は翻訳語であった　15

　　イデオロギーとしての「宗教」に秘された政治的意図　18

　　「宗教」は愚者の頼るものか？　19

　　神道原理主義から政教分断主義へ　21

　　アブラハムの宗教と西洋近代文明　23

　　ユダヤ教の文明史的意義　25

2　キリスト教とは何か ……………………………………………………… 27

　　西洋近代文明の祖型としてのキリスト教　28

　　排他性と寛容性を行き来する宗教構造　29

　　メソポタミア文明とアブラハムの宗教の関係　30

　　ユダヤ世界の救世主としてのイエス　32

　　世界宗教へと脱皮　34

　　迫害対象から国教へ　35

　　原理主義（先祖返り：原点回帰主義）としての宗教改革　36

　　ドイツ人ルターの改革とその思想　38

　　近代文明とプロテスタント　39

　　民主主義とポピュリズムの相関性　41

3　イスラム教とは何か ……………………………………………………… 42

　　40歳までは普通の人生を送ったムハンマド　43

8

天使によって授けられた『コーラン』　*45*

ムハンマドと啓示　*46*

迫害されたムハンマド　*47*

ムハンマドの死とイスラム教の確定　*48*

イスラム教の根本教義とは？　*50*

信仰の基本　*51*

『コーラン』と『ハディース』によって定められる生活の規範　*53*

ムハンマド以後のイスラム　*54*

「イスラム世界」の拡大と現在の問題　*56*

イスラムの拡大と多様化　*58*

イスラム教と現代文明の離齬　*59*

4　ヒンドゥー教とは何か　………………………………………………………　*61*

ヒンドゥー教とその構造　*63*

ヒンドゥー教の成長　*64*

ヒンドゥー教とその文化・社会　*66*

ヒンドゥー教と教理　*67*

現代政治とヒンドゥー教　*69*

ヒンドゥー教以外の宗教　*71*

イスラムとの融和から対立そして独立　*72*

5　仏教とは何か　……………………………………………………………………　*75*

仏教の始まり　*76*

最初の普遍宗教としての仏教　*77*

宗教融合原理としての梵天勧請　*78*

大乗仏教と梵天勧請　*79*

仏教独自の宗教形態　*81*

仏教の世界への拡大　*81*

目　次　9

ブッダ原理主義としての大乗仏教の出現　*83*

インド的要素からの離脱と大乗仏教　*84*

大乗仏教の拡大　*86*

大乗以後の仏教の展開　*87*

インド仏教の衰亡と梵天勧請理論　*89*

現在の仏教　*90*

中国仏教　皇帝支配下の仏教　*91*

日本仏教　日本文明の柱としての仏教　*93*

　　篤信仏教徒としての天皇／自己犠牲の徳を実践した天皇

6　儒教という宗教 ……………………………………………………………… *97*

儒教とシャーマニズム　*97*

儒教と葬送儀礼　*99*

孔子と儒教とその学統　*100*

儒教の世界観　*102*

儒教の思想的変遷　*103*

7　日本と宗教 ………………………………………………………………… *107*

神仏共生以前の宗教と政治　*108*

　　狩猟採集と宗教／稲作時代と宗教／稲作文化と穢れと鎮魂／
　　仏教との共存を願った神々

近代神道イデオロギーの発生　*115*

　　復古神道から近代神道へ／怨親平等と靖国神社／
　　日本的な伝統の放棄

文化としての近代神道　*122*

普遍宗教を否定する日本の民族宗教の今後　*124*

第2部　トピックス　現代の宗教問題

1　文明の祖型としての宗教――宗教と文明と情報 ……………………… *128*

　　情報と宗教／文明の祖型としての宗教と情報

2　民族・民族主義、国民国家、グローバリズム ………………………… *130*

　　グローバル化と民族主義の台頭／世界を動かす「民族」という概念／
　　日本語の混乱／イデオロギーとしての民族

3　宗教民族主義の時代と危機管理 ………………………………………… *135*

　　宗教文化的危機管理の視点とは／
　　ダッカ・イタリアンレストラン襲撃事件の背景／
　　ダッカ事件の宗教文化的背景／なぜ欧米の犠牲者は少なかったか／
　　ダッカ事件と日本文化が招く悲劇／宗教文化への無関心というリスク／
　　危機管理とダッカ事件／国際化と危機管理

4　イスラム台頭の時代とは ………………………………………………… *146*

　　イスラム国の源流に通じるもの／イスラム国の理想と現実／
　　イスラムにおける原理主義

5　近代文明と近代資本主義経済 …………………………………………… *154*

　　世俗主義の宗教性／プロテスタントの救いと経済／
　　神の見えざる手と合成の誤謬／バブルを生み出す救済論理／
　　魚の原理と分業論

6　インド哲学と経済学の出会い …………………………………………… *162*

　　近代経済学の超越としてのセン経済学／センと仏教思想の共通性／
　　日本経済発展の奇跡は仏道の思想にあった

7　仏教政治思想とその現れ ………………………………………………… *168*

　　日本の窮地を救ったジャヤワルデネ師／
　　鎌倉大仏とジャヤワルデネ顕彰碑／
　　日本を予め調査したジャヤワルデネ師／
　　感謝の念の結実と将来への戒め

目　次　*II*

8 インド思想における可能性を巡って ………………………………………175

インド的寛容の現代的意義について／排他的思考から寛容へ／
「寛容」という言葉の検討／暖かい寛容思想の淵源／
インド的寛容思想の源泉／ゴータマ・ブッダにおける非暴力と融和思想／
アショーカ王と始皇帝の対照／インド・イスラムにおける寛容思想の形成／
アクバルの融合思想とその政策／ダーラーの融合思想／
非暴力という新しい道／まとめ

9 中華思想と孫悟空──中国の暴走は制御可能か？ ……………………………196

中華思想が持つ限界とトラウマ／
中国が作る新秩序をどう考えるか？　孫悟空と中国の共通点／
現実中心の中国文明と精神重視のインド文明

10 文明論から見た天皇制 ………………………………………………………200

カリスマとしての天皇／血統カリスマとしての天皇／
政治カリスマとしての天皇／宗教カリスマとしての天皇／
文化カリスマとしての天皇／ウルトラカリスマとしての天皇／
「クラ」としての天皇

第1部
宗教とは何か

釈迦三尊像（ウズベキスタン　歴史博物館）

1 宗教と文明

日本人の「宗教」意識の問題点

グローバル時代の宗教について言及する前に、実はこの問題を考える上で、日本特有の問題点を、先ず指摘しておかねばならない。それは現在の日本語における「宗教」という言葉が持つ、極めて特殊なというより偏向した意味の自覚そして、その呪縛からの解放が不可欠であるという理由の明確化とその克服である。

とはいえ、筆者は文明における宗教の存在を過大評価するつもりはない。しかし、日本の一般的な理解としての宗教観、つまり、仏教やキリスト教、イスラム教、ヒンドゥー教、ユダヤ教等を宗教として認識し、その一方で神道や儒教等は宗教として認識しないという現状に危機感を持つのである。つまり、日本人の宗教認識には、以下で紹介するような無意識下に横たわる日本的な宗教意識があり、そのような認識で国際社会さらには、その文明を論じることに大きなリスクがある、と筆者は考えているのである。言葉を換えれば、後に述べるような特殊な宗教への先入観を持ったまま、さらにはその特殊性を意識せずに、国際社会の動向やその文明を公平かつ正確に分析、かつ対応できるであろうか、ということである。

このように述べると多くの方は、戸惑い或いは疑念を持たれるであろう。しかし、多くの世論調査から、日本人の宗教認識の特殊性、つまり宗教へのマイナスイメージは自明である。例えば、日本人は自らを無宗教と理解する人が7割前後いるが、その割に宗教行事、施設、習慣には事欠かない。しかも、宗教は「危険であるとか」「女子小人の頼るもの」的な一般認識が根強く共有され

14 第1部 宗教とは何か

ている。

　このような近代以降の日本人が、今のような宗教への認識を持つに至った理由を明らかにするには、宗教そのものではなく、「宗教」という言葉に対して、或いはその言葉によって表現される対象に対して、非常に特殊な意味が形成されて来たという事情から説明することが有益である。そして、この日本的「宗教」観形成過程にも、近代西洋文明が持つ宗教的な要素、あるいは西欧近代文明とキリスト教との密接不可分な構造的な関係を、図らずも現していると筆者は考える。

　その理由は、明治以降の日本社会が、「religion：レリジオン」の翻訳語としての「宗教」を、政治的理由から意図的に矮小化してきた歴史を持つからである。そのために、近代以降の日本人は宗教そのものへのマイナスイメージを、文化の基層レベルに確立することとなった。さらに言えば、この近代において形成された宗教へのマイナス思考は、日本人の深層意識レベルから、文化レベルにおいて共有されており、現在でも日本人の宗教観を極めて特殊というより、誤らせているのである。以下で簡単に「宗教」という言葉の成り立ちを検討しておこう。

「宗教」は翻訳語であった

　そもそも現在用いられている「宗教」という言葉は、明治以降に一般化した言葉、いわゆる翻訳語であり、その意味で近代の発明品である。勿論、熟語としての「宗教」は、仏教用語として生まれたもので、その歴史はインド哲学の碩学で、筆者の恩師故中村元先生が詳しく研究されたところによれば、仏教における「宗派の教え」という意味であった。それが、英語の religion の翻訳語として採用されたのが、明治元年とされる。つまり、「宗教」という言葉には、2つの起源を異にする意味が与えられたのである。

　先ずその起源について極簡単に検討しよう。

　インド哲学者の中村元博士の厳密な研究によって、「宗教」という言葉が、

1　宗教と文明　*15*

漢学や儒学の伝統では用いられることがなかったことが明らかとなっている。宗教という言葉は、実は仏教の専門用語、翻訳語であったのである。そしてこの仏教用語の宗教という言葉は、次のような背景で成立した。

　中村博士は、先ず宗教という言葉を考える時に、宗と教という２つの語に分けて考えることが必要である、と指摘する。その場合に、その原語をたどると、『楞伽経』という経典の中が重要であるとされる。同経典では、宗教を２つに分けて、ひとつは究極の根本の道理（siddhānta-naya）であり、他のひとつは教えを説くという道理（deśanā-naya）であるということである。そして、前者は「宗」と呼ばれ、後者は「教」と呼ばれる。

　つまり前者の宗の意味は、根本の道理、さらに宗というものは自ら体得されるべきものであり、文字・言語・思考を離れ、汚れのない境地に赴かせるものであるということを特質としているという。

　他方、教えというものは、仏典に説かれているような、言葉による教えであるという。

　こうして、仏典において「宗」は、絶対の真理、それは「不可説」或いは「一切は実なり云々」という意味を表すこととなり、また「教」は、この真理を言葉に表現して「教える」という意味となった。ところが、さらに後に前述の「宗」と「教」の相違を明確にし、それを哲学的な体系の中に組み込むようになった。

　特に華厳宗は、諸宗の統一的な融合を標榜する「五教十宗」の教判思想を唱えた。そこから宗教とは「宗派の教義」という程の意味に用いるようになった。これが仏教語としての「宗教」の意味である。そして明治以前までの基本的意味でもある。

　一方、宗教という言葉が、religiō（ラテン語）の訳語として用いられたのは「一八六八（明治元）閏四月三日にアメリカ公使から外国事務局宛に寄せられた文書」（鈴木範久『明治宗教思潮の研究』東京大学出版会）ということである。ところで西欧におけるreligiōに関する語源論争はつとに有名である。周知のようにreligiōの語源については、２つの大きな解釈が存在している。つまりロー

マの偉大な政治家であり思想家でもあったキケロ（紀元前106〜同43）による legere（集める）説と、キリスト教の教父であったラクタンティウス（240頃〜320頃）による ligare（結ぶ）説とである。

　詳しい検討を紹介することはここでは省略するが、キケロの説では religiō（re＋legere：再び集める）は、「祭祀に対して細心な、儀礼に二の足を踏む。あるいは、祭儀を忠実に再現するために注意深くなり、また、その祭儀実行のための知識を集め、誤らぬように注意深く意を注ぐ」ということである。

　他方、ラクタンティウス説（re＋ligare：再び結ぶ）は「神にそむいて神から離れた人間を再び神に結びつけたのはイエスであり、彼の教え（宗教）が再び罪人たちを神に結びつける」という解釈となる。これは明らかにキリスト教的な語源解釈である。ラクタンティウス説は、語源的には問題がある。

　しかし、キリスト教信仰が一般化すると彼の説は優勢となる。勿論、前者も忘れられたわけではなく、ヨーロッパでは長い論争が両者間で戦わされた。もっとも、今日の研究では、「宗教の語源は、恐れや、畏敬の念を表す言葉」と解釈されている。

　いずれにしても、明治の初期に「宗教」という言葉を、religion の翻訳語として当て嵌めたために、「宗教」という言葉は、２つの異なる宗教・文明の起源を持つ言葉となった。

　このように日本人の「宗教観」は、仏教の伝統の上に、キリスト教的な意味を上乗せし言葉の意味を複雑化させた。ただし、このままであれば意味の混乱は、それほど深刻ではなかった。というのも、「宗」という漢字には、「言葉にならない根源的なもの」という意味があり、「教」には「言葉によって表す」という意味があるからである。つまり「宗教」という熟語は、「根源的な真実を言葉で表す」と解釈できるからである。その意味で、「宗教」という熟語は、仏教、キリスト教、さらにはイスラム教でも、神道でも一括して理解できる的確な言葉といえる。

　しかし、「宗教」という言葉には、さらにやっかいな意味が政治的に形成され、それが今日の日本人の宗教観を非常に混乱させる理由となっている。そして、

この事実を認識し、改めることがグローバル時代の宗教を理解するためには、不可欠なことであると筆者は考えている。

イデオロギーとしての「宗教」に秘された政治的意図

ところが、明治政府はひとつ大きな矛盾を抱えていた。それは明治政府が、神道を国家原理とした、現代的に言えば神道原理主義国家であり、神道、特に皇室崇拝と神道を直結させた所謂復古神道（さらに、これが拡大されて所謂国体神道或いは国家神道、筆者はこれを近代神道：西洋近代キリスト教文明化した神道、この故に神基神道と呼ぶことで、その性質が明確になると考えている）国家であった、ということである（詳しくは1部7：文化としての近代神道参照）。

ともあれ、復古神道は、平田篤胤（1776～1843）の主張以来強烈な民族主義イデオロギーとなり、明治政府設立の正当性の根拠の柱となったものである。したがって、明治政府にとって神道は生命線であった。しかし、時代の波は、神道至上主義を許さなかった。西洋列強はキリスト教の布教を要求し、信教の自由、宗教の平等を要求した。

しかし、自閉的な見地に終始して、日本至上主義のイデオロギーにより、神道を中心に国家を纏め上げようとしていた明治政府にとって、諸宗教の平等や信教の自由は、明治国家の崩壊を招きかねない重大事項であった。そこで、欧米列強には、宗教の平等、信教の自由を宣伝しつつ、その実、国家原理として神道を死守する術を考え出したのである。

というのも、仮にこのようにしなければ、

蓋シ夫レ我ガ　皇上ノ祖先ヲ祭祀敬宗スルヲ以ツテ宗教トナサバ、畏コクモ我ガ歴世皇帝ノ聖霊ヲ、彼ノ幽冥不測ナル、信ズル者ハ之ヲ信ジ信ゼザル者ハ却テ之ヲ嘲弄スル諸宗法教ノ神等ニオナジトスル乎、我ガ穆々タル、皇上ヲ、他諸宗教ノ法主宗主等ニ比セントスル乎。何忌憚ナキノ甚シ。……彼ノ神道ヲ以テ宗教トナスノ誤謬ヲ釐正アラバ則チ国体維持ノ裨補ニ幾カラン歟。　　　　　　　　　　　　（村上専精編『明治維新神仏分離資料』）

という深刻な事態になりかねないからであった。

　そこで明治政府は、神道と仏教やキリスト教を区別するために、次のような名案（？）を考え付いた。そして、この詭弁的な言葉の操作は大成功し、その影響は今も生き続けている。

「宗教」は愚者の頼るものか？

　現代でも「神道は宗教か」と尋ねると、平均して7割近くの学生が「神道は宗教ではない」と回答する。そこで、その理由を尋ねると「親がそういった」というレベルから、「神道は布教活動しない」、「特定の経典がない」など様々な答えが返ってくる。

　この共通認識は、

　　我輩は、神仏の事に付き甚だ不案内なれども、識者の言を聞けば、神道は決して宗教に非すと言へり。（中略）神道は唯現世に在って、過去の神霊を祭り、その徳に報じて現世の人の幸福を祈り、専ら生者の為にするのみなれば、決して宗教には非ざるが如し。……中略……今より（明治十四年頃）更に神仏を区別して、日本の宗教は仏法なり、神道は宗教にあらず。

　　　　　　　　　　　　　　　　　　　　　　　（福沢諭吉『時事小言』）

という、福沢諭吉の言葉を起源のひとつとしているようである。

　これは明治政府の政策とも一致するものであった。つまり、神道は死後の世界を説かず、経典もなく、ただ現世の人の幸福を祈り、先祖の霊を祭るものだから、宗教ではないというのである。

　では、宗教とはどういうものかというと、

　　人の幼稚なるや、自主独立の力なくして専ら父母若くは他の長老に依りて生長するを得、智識上に於ても亦此の如く、脳力の孱（ぜい）弱なるものは、偏に他力を頼み、却て自力の他力に勝ることを知らざるなり、宗教的の信仰を脱却すること能はざるものは、児童の未だ母乳を廃すること能はざるが如く、其自身の不足を表白するものなり。（井上哲次郎『教育と宗教の衝突』）

1　宗教と文明　*19*

という認識となる。つまり、「宗教は能力が劣った人や、不幸な人が寄りすがるもの」である、ということとなる。それ故に、宗教を信じるということを簡単に言えば「自分は、未熟者」あるいは「精神的弱者」ということを認めることとなる。

そして、このイデオロギー的な「神道非宗教論」、つまり日本人の「宗教観」は、「義務教育」（実質的な布教）政策を通じて、初等・中等教育の中に組み込まれ、日本人の共通意識となった。このことは、「宗教」という言葉の概念を著しく歪んだものとしてしまった。つまり、宗教を信じることは「自分が社会的、また人間的にも平均以下の日本人であることを認める」こととイコールとなる、というレトリックが裏に隠されているのである。

ここまで来ると、我々の「宗教観」は、「実は明治政府の正当性を支えるために作られた歪んだ宗教観である」ということが明らかになる。だから、日本人は、墓参り、初詣等々、宗教行為を行う度に、「自分は宗教行為を行っているのではない。伝統行事を行っているのだ」と自分に言い聞かせてきた。つまり、自分は「宗教を信じるほど劣った人間ではない。少なくとも平均的な日本人だ」と思われたい。でも、宗教行事はやりたい。そこで、昔からの宗教行事は、伝統行事ということにして宗教と切り離したのである。

このような屈折した日本人の宗教観からは、正しい、あるいは世界標準の「宗教」認識は出てこない。精々「宗教への思考停止」か「宗教への嫌悪感」が生まれるくらいである。その結果、日本人は、自らを無宗教と考える人が７割を超えることとなる。

そして、このようなマイナスイメージで形成された宗教観からは、宗教のあらばかりに関心が向き、宗教本来の姿を正しく認識したり、評価したりすることができない宗教文化が形成される。しかし、世界レベルで日本のように、宗教蔑視の国はほとんどない。かつてのソ連は今や敬虔なロシア正教やイスラム教の国となり、今では精々中国などの共産主義国くらいのものであろう。

神道原理主義から政教分断主義へ

　もうひとつ、日本の宗教観で無視できないことに「宗教は政治に関わるな」というものがある。いわゆる政教分離の原則である。これも実は、その多くが明治政府の国策と深い関係がある。これを理解するには、戦前の体制を考えねばならない。

　というのも、一般にはあまり言われないが第二次世界大戦前の日本は、今で言えば、イランの神政政治、タリバーン支配下のアフガニスタン同様の宗教国家、つまり神道原理主義国家であった。しかし神道を非宗教としたために、人々は近代日本国家が、政治と神道が一体化した神聖政治体制、つまり政教一致国家と明確に意識していない。

　しかし、かつての日本人は、日本は「神国であり、日本人には世界に神道を布教する義務がある」と認識していた。だから神社は戦前、日本人が植民地とした地域等に盛んに作られていた。これは近代神道をいわばキリスト教に比肩し得る普遍宗教に仕立て上げ、東・東南アジアや植民地において西洋近代国家におけるキリスト教の役割を担わせようとした証左である（1部7：日本的な伝統の放棄参照）。

　故に、日本政府は、西洋諸国がやったようにその領土（植民地など）となった台湾、朝鮮半島やニューギニア、満州にまで神社を作り、現地人に布教（半強制）したのである。このような戦前の政治と宗教の関わりについて、我々はどれほど認識があるであろうか。また、このような強硬な政策を行ったために、日本は第二次世界大戦後当該地域の住民に悪感情を持たれるのであるが、その中には、近代神道を強制的に押しつけたという信仰の強制があったことは、あまり知られていない。逆に、日本人には彼らの精神的な痛みがわかりにくいのである。

　もっとも政治と宗教の無制限の接近は、非常にリスクが大きいということが身にしみたようで、第二次世界大戦後の日本は、アメリカからもたらされた政教分離主義を文字通り厳密に守ってきた。その遵守の仕方は原理主義的な厳密

1　宗教と文明　*21*

さ、ある意味で盲信・盲従であった。

というのも敗戦後の日本はこのアメリカ生まれの政治制度を、意味も事情も、さらにはその背景も考えずに、かなり自前で解釈し神聖不可侵的に扱ってきた。例えばアメリカの政教分離主義は、政治（政権とか政府）と教会（特定のキリスト教の教派を意味した）との峻別を意味し、政治と宗教の意味ではない。しかし、日本では「政教分離」の議論はあまり深まらず、「憲法の大原則」などと唱えるだけで、この部分には思考停止状態であった。そしてこの問題に関して、精神の空白状態を生み出した。それは戦前の国家と宗教の関係と同じく、この領域は不可侵の領域となっていった。

もっともこの状態は、近代以降の日本社会には好都合でもあった。なぜなら、政教分離の原則は、近代以降の国家原理（国体：国家の中心理念）と深く関わった神道非宗教論を引き継ぐには、非常に好都合であるからである。つまり、この原則は、宗教と政治の分離であり、宗教とみなされない神道は、その政教分離の対象にならない、という論法が通用するからである。勿論、これは詭弁に近いものである、しかし論理的には誤りとは言えない。

だから創価学会と公明党の政教分離問題やオウム真理教のオウム国建設などという事件が起こると、議論が一時的に盛んになるが、その議論を深めようとはならなかったのは、この原則の厳密な検討がなされることを忌避した、という点があるであろう。

いずれにしても日本社会の根本は、今でも近代以降の神道非宗教論が深く支配しており、その宗教観の歪さや神道非宗教論の特異性への自覚や反省が生まれることを文化の基層部分から回避しようとしているようである。勿論、政治的なスタンスとしてこのような方針を筆者は否定しないが、グローバル時代の世界の分析には、このように偏った、しかも宗教を軽視する視点は改めなければならないであろう（1部5：篤信仏教徒としての天皇参照）。

また、以上の情況では宗教と文明の密接不可分の関係性を理解する知的基礎力が育たない点が、さらに致命的である。なぜなら西洋近代文明は、キリスト教、就中プロテスタント派の文化と深い関係があるからである。

アブラハムの宗教と西洋近代文明

　グローバル社会を理解するための最重要な宗教は、キリスト教、イスラム教、そしてその源流とも言えるユダヤ教であることは、全人類の人口の過半数が、これらの宗教の信徒であるという現実にも象徴的に現れている。勿論、その重要性は単なる信徒数にとどまらない。周知のように、このグローバル社会を生んだ近代西洋文明を形成する諸要素は、この３教、特にキリスト教を基礎とする西洋近代文明の所産である、ということは論を俟たない（１部２：近代文明とプロテスタント、２部１：文明の祖型としての宗教参照）。

　そして、このキリスト教の源流にユダヤ教がある、ということも周知のことである。ところで、これらの宗教に関してのアプローチであるが、本書では、19世紀に生まれた宗教学（science of religion）の視点により客観的な立場をとる。というのも、それぞれの宗教では、その独自の教理体系において、独特の他宗教理解を持っており、グローバル時代の宗教理解には相応しくない点が少なくないからである。

　客観的中立性をもってこの３教を語るならば、ユダヤ教を起源とする兄弟宗教ということになる。特に、時系列的に言えば、ユダヤ教は後続のキリスト教、イスラム教の先行宗教ということができる。しかし、ユダヤ教がキリスト教、イスラム教の源流の宗教と言えるか、ということでは、その解釈は異なってくる。詳しくは順を追って以下で解説する。いずれにしても、宗教学的な視点とは異なる、神学的な解釈があるからである。

　周知のように歴史的にキリスト教は、ユダヤ教の改革派として生まれ、やがて独自の教理を展開した独立した宗教であり、同じくイスラム教も、ユダヤ教、キリスト教の改革派の自覚から始まり、キリスト教と同じく独自の宗教として発達した宗教となる。そのためにこの３教は基本的な宗教構造、教理体系を基本的に同じくしている。故に宗教学的に言えばこの３教は、同じ神を仰ぐ３つの異なる集団であり、互いにその正統性を主張する宗教集団である。

　その意味で、この３教をまとめて、聖書の預言者に由来するアブラハムの宗

教、或いは原語や人種の名称に由来するセム族の宗教等と総称するのである。つまり、これら3つの宗教は、それぞれその呼び名は異なるが、同一の神を信仰するという意味で、アブラハムの宗教の3つの宗派、という位置づけもできるのである。筆者はこれを団子三兄弟ならぬ、「アブラハム、或いはセム族の宗教三兄弟」と呼んでいる。

ところでこれらの宗教を総称する言葉として、「アブラハムの宗教」同様人口に膾炙している言葉に「セム族の宗教」という名称があるが、両者はほぼ同じ意味である。ただし、セム族の宗教は、紀元前3000年期以来のメソポタミア時代の諸宗教を広義に指した名称である。しかし、当時多様に存在したセム族の諸宗教も現存するのは、ユダヤ・キリスト・イスラムのみであり、実際にはアブラハムの宗教と同義として理解できる。

本書では、原則アブラハムの宗教という名称を用いるが、時にセム族の宗教を用いても両者はほぼ同義である。

いずれにしても、この3教は、アブラハムの宗教のユダヤ宗、キリスト宗、イスラム宗という捉え方もできるが、このような捉え方を現実に各宗教は認めない。なぜなら、この宗教の特徴は、唯一絶対の神との契約とその遵守、あるいはそれへの絶対的な服従という教理形態を基本とするからである。しかも、その神との契約（啓示）も唯一であるというアブラハムの宗教特有の唯一神（さらに言えば排他的一神）的な厳格な一元構造で貫かれている。つまり、この宗教は他者に排他的な構造になっているのである。この故にこの3者は相互に相容れないのである。筆者はこれを3人でただひとつの椅子を争う椅子取りゲームに準えて、3教の関係を説明することにしている。

つまり、これら3つの宗教は、ただひとつ正しい神の救いの教えを争う関係である。つまり、その聖典（神との救いの契約書）の正統性を巡って争う3つの宗教という関係である。しかもその争いが、永遠に続いているのである。もっとも、近代にはさらにバハーイ教のような新宗教もこの争いに参加する等、プレーヤーは増えている。

いずれにしても、セム族の宗教の中のユダヤ教は、聖書に出てくるアブラハ

24 第1部 宗教とは何か

ムを最初の預言者、神に選ばれた者とする宗教を起源とする。しかも、これ以外のセム族の宗教は消滅しており、先にも触れた通り、アブラハムの宗教とセム族の宗教は、実質的に同一であり、キリスト、イスラムの両教は、その子孫に当たる。そして、これらの宗教が形成する文明が現代社会を動かす原動力となっている。以下において、この巨大宗教となったアブラハムの宗教の源流である、ユダヤ教について簡単に検討しよう。

ユダヤ教の文明史的意義

　ユダヤ教は確定した聖典（『タナハ』キリスト教的に言えば『旧約』が相当する）を奉ずる宗教としては、『ヴェーダ』聖典を持つヒンドゥー教に次ぐ長い伝統を有している。しかもこのユダヤ教は、セム族が形成したメソポタミア文明下の宗教の流れをくむものである。この古代メソポタミアでは、神は人間に生命を与え（創造神）、法を授ける「主」（契約を結ぶ神）であり、人間と自然を完全に支配する神（絶対者）であり、またこの宗教では予言（この時点では、後代のアブラハムの宗教系の預言と別するのが慣わしである）や神託が盛んに行われていた。ただし、メソポタミアの時代の宗教は、最高神を持つ多神教であった。

　しかし、ここで考えねばならないのは、メソポタミアで考案された専制君主による中央集権国家の存在である。つまり、ただひとりの王が社会を支配する構造であり、その王が命令を発し、それを石に刻み、公明正大に社会ルールを規定し、国家・社会の一元的な支配を、法を通じて合理的に行うという社会を作った、ということである。この点を宗教社会学者の橋爪大三郎氏は「律法厳密主義」と表現している。これらの要素が後のアブラハムの宗教の源流ユダヤ教の教理構造に大きな影響を与えたのである。

　いずれにしても「セム族の宗教は、ユダヤ、キリスト、イスラムの母体となった」（『哲学事典』平凡社）のであり、それらの宗教では、律法厳守主義、唯一絶対神、預言者等の宗教構造を基本としている。

　ところでユダヤ教の名称は、インドのヒンドゥー教同様に、時代的な変化を

伴う名称の変化がある。つまり、現代のユダヤ教という形態が固定化するまでに、ユダヤ教にも成長の歴史、大きな変革があったということである。

　さて、ユダヤ教と同じく古代宗教から今日まで続くヒンドゥー教も、ヴェーダの宗教（諸説あるが紀元前3000年期以来から同8世紀頃までのヴェーダ聖典を中心とする信仰）、バラモン教（紀元前8世紀頃から仏教を吸収した12〜13世紀頃）、そしてヒンドゥー教（ほぼ13世紀以降）とそれぞれの段階を個別の呼び名を付けることが、宗教学では行われている。こうすることで、ひとつの宗教の歴史的な変遷が理解しやすいからである。

　この考えをユダヤ教に投影すると、ユダヤ教の成長（変遷）は、古代イスラエルの宗教、そしてラビ・ユダヤ教、さらにその延長としての現代のユダヤ教ということになろう。

　さらに、社会・文化史を含めて検討すると、ユダヤ教史の権威である市川裕氏の研究に依れば、ユダヤ教の変遷は、古代のユダヤ教徒の信仰の中心であったエルサレム神殿の破壊に象徴される、紀元前586年の新バビロニアによる支配前後で大きな変化を持つとされる。イスラエルの民はこれを切っ掛けに、民族宗教特有の祭儀の場（聖所としての神殿）を失い、生産の根拠（土地）を失った。そのために彼らの信仰の対象は、聖典やその教えという抽象的領域に移行した、ということである。

　つまり、古代イスラエルの宗教は、特定の神殿等の聖所、聖遺物など土地や物といった具体的な信仰対象から、精神的な領域に関心が向けられた宗教へと変化したのである。

　その傾向は、彼らが再びその信仰のよりどころであったエルサレムの神殿を失い、さらにその土地を追放されたデアスポラ以降、一層顕著となった。

　その結果として生じたユダヤ教の厳格な律法主義の宗教構造、その民族閉鎖性を転換し、すべての人を解放する普遍性を強調したのが、以下のキリスト教であり、イスラム教である。この点は、仏教がヒンドゥー教（当時はバラモン教、あるいは前期ヒンドゥー教と厳密には言われる）の民族限定性（カースト制度など）を否定することで、普遍性を獲得したのと同様のメカニズムである。

2 キリスト教とは何か

　周知のように、キリスト教は紀元30年頃、ひとりのユダヤ人青年であったイエスによってユダヤ教の改革派として始まった。以来、2000年弱の間にその信徒は全人類の３人にひとりの約23億人にまで拡大し、今でもその拡大の勢いは旺盛である。そもそもなぜキリスト教はこのように巨大な宗教教団に成長し得たのか？　その拡大のメカニズムの解明は、ヨーロッパ、否、人類の文化、社会、歴史などはもとより、現在社会理解にも重要な要素である。

　特に、グローバル世界の社会状況を考える上で、最も影響力のある宗教はキリスト教であることは論を俟たない。しかもその影響力は、単に宗教領域にとどまらず、政治、経済、科学、文化などすべての領域に及んでいる。故に、キリスト教に関し基本的な知識を持ち、理解を深めることは、グローバル時代に国際社会で活躍するために不可欠なことであるということができる。というのも、我々が近代文明、或いは近代西洋文明と呼んでいるものは、実は西洋近代キリスト教文明と言い換えることが可能であり、その影響は、あらゆる地域、あらゆるジャンルに及んでいるからである。

　つまりキリスト教は、信徒人口の多さのみならず、現代文明は、政治、経済、文化、そして科学技術といった多様な領域にわたり、キリスト教文化圏（あるいはさらに広くキリスト教文明）発である。言葉を換えれば、現代文明のあらゆる面でキリスト教の理解は、不可欠であるということである。

　例えば、現代社会に大きな影響力を持つ、政治体制、つまり民主主義、自由主義、社会主義、そして経済体制である資本主義経済、共産主義、さらには科学主義など現在社会を形成する基本的な思想や制度の基本に、キリスト教思想があることは明白な事実である。その意味で、いささか誇張して言えば、キリ

27

スト教は西洋近代文明の形成に深く関わっているというよりも、その祖型（プロトタイプ）として、キリスト教の教理や思想、文化がある、ということになるであろう（バートランド・ラッセル：市井三郎訳『西洋哲学史』参照）。

西洋近代文明の祖型としてのキリスト教

キリスト教はその成立以来拡大を遂げてきたが、特に15世紀末のいわゆる大航海時代以降その存在は、地球上のあらゆる地域、そしてあらゆる領域に大きな影響を与えてきた。特に、キリスト教は、我々が近代文明、その実は西洋近代キリスト教文明と言える文明の世界への展開を戦略的に進めつつ、世界展開してきた。

それにはカトリックが、王権による武力征服と布教をセットとして世界展開を推進した初期の宗教・政治一体の拡大政策から、現在のアメリカによるアメリカ式文化の世界への敷衍まで一貫している。例えばアメリカ型民主主義の世界への普及とは、その実アメリカ型のキリスト教精神に基づいた文化や社会制度の普及である。これは聖俗一致型のアメリカ型プロテスタント文化から生まれたもので、極めて強い宗教性に支えられた制度である。

つまり、現代社会に生きる我々現代人の生活は、例外なくキリスト教文明からの恩恵に浴しており、その存在なしには、我々現代人の生活は成り立たない。その意味で、キリスト教およびその文明形態の理解は現代社会に生きる我々にとって不可欠である。本章では、他の宗教同様に、グローバル世界を生き抜くためのキリスト教理解をめざす。

特に、現代社会を考える上で、キリスト教の持つ拡大志向（グローバル化）、革新性（目的合理性による現実否定。イノベーション）、唯一絶対にして絶対の創造主である神によって現世の管理を預かっているという使命感（世界を管理し、運営するという強い意志：スチュワードシップ）等、キリスト教が持つ諸要素は、近・現代文明の解明には、極めて重要である。さらに言えば、唯一絶対であり、世界の創造者としての神を基本とする思考法は、本来神の被造物として謙虚に

28　第1部　宗教とは何か

暮らすことを想定した人間観を前提とした謙虚な宗教思想であった。

　ところが、それが宗教改革により現世における神の代理人となった人間が、神に代わり世界を支配するという発想に代わった時、この謙虚な人間像は、この世における神の意志の継承者となった。そのために、まず神の意志の発見とその応用が不可欠となった。その結果生まれたのが、被造物（自然）の中に一貫した神の意志（万有引力ならぬ、万有神意）を発見する作業である。これが、我々が科学的思考と呼ぶ分析的思考である。この科学的思考により、人間はすべての初造物に共通する、普遍的な法則を発見することができるとした。そして自然の背後にある一元的な帰結という発想は、アブラハムの宗教的な唯一絶対の一者による世界創造という発想の近代的な展開と、深く結びついていると言えるのである。このようにキリスト教の存在は、近・現代文明の基礎を形成している大きな要素である。

　本章はこれらを詳細に検討することはできないが、その特徴を踏まえた上で、簡単にキリスト教およびその文明を鳥瞰する。

排他性と寛容性を行き来する宗教構造

　キリスト教の基層部分をなす『旧約聖書』において、特に重要な思想は神による世界創造の第6日目の「われわれ（複数形）のかたちに、われわれにかたどって人を造り、これに海の魚と、空の鳥と家畜と地のすべての獣と、地のすべての這うものとを治めさせよう（神の代理者、世俗世界の管理者〔代理人〕：スチュワードシップという発想の源）。」（「創世記」1－26：カッコ内は筆者注）という神々（複数形となっている）の意志のもとに、人間は造られたという教えである。これはキリスト教の教える人間存在根拠である。

　しかもこの唯一の神（ここでは単数形となっている）は彼らを祝福して言われた「生めよ、増えよ、地に満てよ、地を従わせよ。また海の魚と、空の鳥と、地に動くすべての生き物とを治めよ。」（同1－27〜28）と、人間の創造とその意図を明示している。

2　キリスト教とは何か　*29*

ここにはアブラハムの宗教における神、人間、被造物全般との関係が、明示されているのである。そして、以後『旧約聖書』という聖典を基礎とする宗教のいわゆる思考の祖型（プロトタイプ）が、ここに確定され、キリスト教、イスラム教がそれをプロトタイプとして、独立した宗教となった後も共有されている。それは仏教のように、世界創造を語らない宗教と比較すると、そのメッセージ性の強さと有りようが際立ってくる。

　というのもこの『旧約』が発するメッセージは、全地球規模、あるいは宇宙規模に、神の代理者（スチュワードシップを託された人間）の支配を拡大しようとする明確な意志が認められる。勿論、『旧約』の段階では、この神々の意志は、ユダヤ教徒に限定されているが、これを全人類全地球規模に拡大したのが、キリスト教であり、イスラム教ということである。つまり、ユダヤ教の持つ民族的な限定を改革し、超越するという発想により、キリスト教は神の教えを全世界に拡大されてゆくことをめざしているのである。それが、キリスト教の使命であり、そのために教団の拡大がなされるのである。故に、キリスト教は拡張主義となり、そのためには武力を含めたあらゆる手段が講じられる。この点は、イスラム教においてさらに鮮明である。しかし、同じく世界宗教である仏教の拡大は、このような暴力を伴わない点が大きく異なる。

メソポタミア文明とアブラハムの宗教の関係

　キリスト教の性格を考える上でユダヤ教の基本的な知識は、不可欠である。

　ユダヤ教を考える時、その源泉はどこにあるのかということを考える必要がある。しかし、従来の宗教学では、ユダヤ教研究は『聖書（旧約）』（この呼び名はキリスト教のものであり、ユダヤ教ではタナハという）を前提として行うので、その記述に引きずられることになる。しかし、ユダヤ教徒（いわゆるユダヤ人）の祖先が、彼らがカナンと呼ぶ、現在のイスラエルの土地あたりに移住してくる前に、古代メソポタミアの都市国家の周辺で生活していた、ということは実は非常に重要なことである。

周知のように四大文明と言われる文明は、その後の文明の源として重要である。というのも、これらの文明は、それぞれ独自の形態を持ち、その後の文明のあり方と深く結びついているからである。それは当然宗教形態にも影響している。

　つまり、中国の黄河文明には、儒教・道教と呼ばれるシャーマニズム型の宗教が生まれ、インダス文明には、仏教やヒンドゥー教という内省的な宗教があり、メソポタミアには、契約を重視する啓示宗教（預言者による啓示を文字化する宗教）があり、エジプトには神であり、かつ王である祭政一致のエジプトの宗教があった。しかし、このうち中国とインドにおいては、文明と宗教の連続性は保たれているが、メソポタミアとエジプトの宗教は、キリスト教とイスラム教により事実上滅亡させられた。

　しかし、ユダヤ教の宗教構造には、メソポタミア以来の宗教伝統の一部が明らかに見出せる。特に、ユダヤ教の基本構造である預言者（ナビー）によってもたらされた神の命令を「神との契約」として捉える構造は、ハムラピ（ビ）法典などの勅令と、その遵守というメソポタミア文明の特徴の継承とも言える性質を持っている。つまり、ユダヤ教の律法厳守主義の構造である、法に準ずればその権利が保障され、違反すれば罰せられるという明快な契約遵法思想は、明らかに他の文明とは異なるものである。しかも、法を文字化し、記録し、石や焼きレンガにより共有するという発想は、商業都市国家メソポタミア文明の特徴であるが、それがユダヤ教の聖典の文字化、共有、履行の厳守は、メソポタミアの文化特有の構造と、深い関係にあると考えることは誤りではあるまい。

アダムとイヴと蛇
セム的宗教の基本構造

2　キリスト教とは何か　*31*

ユダヤ世界の救世主としてのイエス

　ユダヤ教の存在を考える上で重要なことは、神の唯一性を頑なに守り抜いている、という点である。彼らは唯一の神の下に結束し、移住した地域や国にコミュニティを造り、互いに連携し、信仰を基礎に経済のネットワークを形成し、その信仰を守った。彼らは、逆境を乗り越えるために、神から選ばれた民という選民意識を強く持ち、宗教上の慣習などを厳しく守った。その結果、経済的には豊かで、世界の貿易の主流を担う民族のひとつとなって今日に至る。

　その一方で、幾多の弾圧を受けてきた。その中でも、特にローマ帝国からの圧迫は、厳しく、ユダヤ教世界には、この苦境を救う預言者の存在が持ち望まれていた。そこに現れたのが、キリスト・イエスである。

　つまり救世主キリストの出現は、苦境の中にあったユダヤ教徒の救世主として待ち望まれていた。その求めに応じて出現したとされるのが、イエスである。イエスは、紀元前3、4年頃、ユダヤ人の大工ヨセフとマリアの子として生まれた。ここからの物語の部分は『新約聖書』に書かれている。なぜなら、『旧約聖書』には、当然ながらキリストのことは記載されていないからである。実は、この点が啓典宗教の重要な点である。

　イエスが誕生した時、天使が降りてきて、長い間迫害を受けてきたユダヤ人の救世主が生まれたことを告げた。これが「福音」（よい知らせという意味だが、新しい救いの条件という意味でもある）である。イエスという名前は、ヘブライ語では「イエシュア（ヨシュア）」と発音され、「主の救い」という意味を持つ。しかし、これは当時のパレスチナ地域ではごくありふれた名前とされる。

　イエスは地中海とガリラヤ湖のちょうど中間あたりにある町、ナザレで育った。ただし、イエスの青年時代のことはあまりよくわからない、一説にはエジプトに出稼ぎに行ったとも言われている。そして、そこで多くの宗教と接し、独自の宗教観を持ったのかもしれない。

　ただし『新約聖書』の伝えるところでは、イエスは、20代の後半頃から宗教的意識に目覚め独自の修行をしていたとされる。そしてイエスに先行し、「処

女受胎」によって生まれ、預言者として自覚を持って修行していたヨハネから洗礼を受けた。『新約聖書』ではその時、聖霊がイエスに降りてきて、「あなたは私の愛する子、私の心にかなう者」という天からの声が聞こえたとされる。この時、初めてイエスは自分が「神の子」であり、救世主であることを自覚した。この時イエスは30歳くらいだったと考えられている。ここには、非アブラハムの宗教的な要素、つまりグノーシス（特に、ゾロアスター教における処女懐胎の思想、マニ教や仏教の影響がある）の宗教の影響が強く出ている。これはヘレニズム優勢時代の当該地域では、当然のことであろう。

とはいえ、イエスは、ユダヤ教徒として育ち、ユダヤの教えを学び、ユダヤ教徒に「天の国への福音」（救いの条件）を伝え、民衆の憂いを癒やし、病を治した。しかしこれは伝統的なユダヤ教のあり方を否定するものであり、極めて反抗（プロテスト）的、あるいは革命的な行為であった。彼はユダヤ教の改革者として宗教活動を開始した。

この時のイエスを受け入れたのが、「罪人」とされた庶民であった。勿論「罪人」とはいっても、それは宗教的な意味で、ユダヤ教の律法を守れない人々のことである。つまり既成宗教における弱者、その実、一般信徒のことである。というのも、ユダヤ教の戒律は厳しく、一般信徒が細かい戒律を守ることは至難の業であった。つまり社会的な弱者のみならず一般人もほとんどが「罪人」となってしまっていた。故に、イエスは現世の富や地位を否定できたとも言える。イエスは、「現世の富を追うどん欲さこそが罪である。富やぜいたくを捨て、天に本当の富を蓄えるべきだ」と教え、罪の意味を逆転させるという革命的な見解を示した。例えば、「心の貧しい人々は幸いである　天の国はその人たちのものである。」（マタイによる福音書、5章3～10）と教えた。

彼のこの言葉は、重税と貧困にあえいでいたユダヤの民衆の心を捉えたのだ。それは、伝統宗教の主流から取り残された人々、罪人、弱者であるが、彼らこそ真に神の救いが必要であり、また彼らのためにこそ救いがなければならないという教えである。これはブッダやムハンマドに通じるものである。しかし、イエスへの賛同者が増えることに危機感を持った伝統的なユダヤ教勢力が、彼

をローマ政府に反逆者として訴える。時の総督ピラトは、ユダヤ人の反乱を恐れてイエスを処刑する。

　イエスは礫刑（はりつけけい）の判決を受け、盗賊2人とともに、ゴルゴダの丘まで十字架を運ばされ、処刑された。そして、『新約聖書』によれば、イエスは処刑から3日目に復活し、神の子であることを証明した。しかし、弟子たちの中には復活を疑う者がいたが、その弟子の前にもイエスは現れ、礫刑でできた体の傷を調べさせた。イエスを全面的に信じていたわけではない弟子も、復活が事実であることを知って、次第に自分たちがなすべきことに気づき、後に聖霊によって洗礼を受けることとなる。ここに、非ユダヤ的、むしろヘレニズム文化の中のグノーシスの宗教の影響が見て取れるのである。つまり、キリスト教のユダヤ教と異なる要素は、このイエスの神の子説や死からの復活という独特の思想に強く見出せる点である。しかし、その一方でこの奇跡が、キリスト教の独立を象徴するものとなり、また多くの信徒を獲得するもととなった。

世界宗教へと脱皮

　このキリストの教えを奉じた集団が、拡大すると同時に問題も発生した。ヘブライ語を主に話すユダヤ人＝ヘブライストと、ギリシャ語などを話すユダヤ人＝ヘレニスト、さらに非ユダヤ人の信徒との間で考え方に根本的な違いが生まれてきた。特に非ヘブライストは、ギリシャ的な文化と習慣に慣れているため、イエスの教えはもうユダヤ教ではないのだから、ユダヤ教の神殿と絶縁するべきだ、と考えた。

　この相違は、紀元50年頃の「異邦人問題」で明確となる。この時の改革については、モーセの律法に代わり「偶像に供えて汚れた物と、不品行と、絞め殺したものと、血とを、避けるようにと、彼らに書き送ることにしたい」（「使徒言行録」15:20 http://bible.salterrae.net より）とのパウロの考えが伝えられている。

　これによって、イエスの教えはユダヤ人以外にも一層広く伝わることとなった。つまり、キリスト教は普遍宗教に成長したのである。特にパウロ（紀元前？

34　第1部　宗教とは何か

〜65頃）が、キリスト教の普遍宗教としての基礎を確立した、という解釈も成立する。彼はユダヤ人でありながらローマの市民権を持ち、ヘレニズム文化に関しても高い教養があり、ギリシャ語でキリストの教えを地中海沿岸の国々に伝道した。しかし、キリスト教徒は、皇帝権力とその信仰への服従を拒んだために、厳しく弾圧された。それは4世紀の初頭まで続き、無数のキリスト者が殺害された。ここで注目すべきことは、キリスト教はアブラハムの宗教的要素（一神、排他、選民思想など）と全く異なるヘレニズム的（多神教、融和、寛容）という2つの要素で形成されているということである。恐らくこの相違の克服のための思想的な試みのひとつとして、後に三位一体という絶対矛盾の自己同一的な教義が、青年期まで諸宗教融合を掲げたマニ教を信仰していたアウグスチヌス（354〜430）により生み出されたのであろう。この教理は、ほとんどのキリスト教に受け入れられており、キリスト教の教義の独自性であり、同時に特にアブラハムの宗教構造を重視するイスラム教によって非難される点でもある。

迫害対象から国教へ

　迫害が強まればそれだけキリスト教を信じる者は増え、知識人やローマ軍の兵士の中にもキリスト教は浸透し始めた。ついには、皇帝の身内にもキリスト教を信じる者が現れる事態となり、313年にコンスタンティヌス1世によって、信教の自由を保障するミラノ勅令が発布され、キリスト教が公認される。そして、392年、テオドシウス1世の時に、キリスト教はローマの国教となった。長年にわたる熾烈極まる迫害を受けながら、キリスト教は、約360年を経てローマ帝国での普遍的宗教として確立された。

　ところで、キリスト教は歴史上大きく5回の分裂を経験している。最初の分裂は「三位一体説」につながった4世紀半ばのアリウス派の離脱であり、アリウス派は、今日では消滅している。

　2回目は、5世紀半ばのネストリウス派の「マリア崇拝拒否」であり、ネス

トリウス派は、431年のエフェソス公会議で異端とされたが、現在もアッシリア正教会など中東に残存勢力がある。

3回目の分裂は、東方教会における「単性論教会（東方諸教会）」の離脱である。同派は451年のカルケドン公会議で異端とされた。ここまでの「分裂」は、教会歴史学者によっては「異端の離脱」と捉えていることが多いようだ。

そして最も本格的な分裂は、4回目の分裂、9世紀頃から対立が表面化した「東西教会の分裂＝大シスマ」だ。この分裂の発端は、皇帝コンスタンティヌス帝が、330年に、現在のトルコ・イスタンブールにローマ帝国の首都を移し、コンスタンティノープルと命名、さらに、教会の首長となってしまったことだ。

この時ローマに残った教会が「西方教会」とされ、コンスタンティノープル総主教区は「東方教会」となって、現在、ギリシャ正教会、ロシア正教会などがそこに所属している。この分裂は、ローマ帝国が東西に分裂してしまったこともあって、キリスト教団は完全に分離されてしまった。1054年には、ローマ教皇とコンスタンティノープルの総教主がお互いに破門するという状態になり、絶交状態となった。その後周知のような西方教会勢力による十字軍の遠征問題が生じ、両者の対立は決定的となる。その解決は、2016年の和解まで続いた。

5回目の分裂は、16世紀初頭の宗教改革によって起こった。キリスト教最大の分裂とも言えるカトリックとプロテスタントの分裂である。この対立も20世紀初頭のプロテスタント諸派が提唱し、それに呼応した形で始まったヨハネス23世主導の第二バチカン公会議（1962〜1965）におけるエキュメニカル運動により、両派の融和と協調がめざされている。

原理主義（先祖返り：原点回帰主義）としての宗教改革

さて、近代文明に深い影響を与えたカトリック教会の分裂は、ローマ教会の資金難に端を発すると言われる。そのために、教会が信徒に贖宥状（日本ではしばしば「免罪符」とも訳されていたが、「免罪」ではなく、「罪の償いを軽減するもの」というところから、正確には「贖宥」の訳語が当てられる）を乱発していた。

36　第1部　宗教とは何か

贖宥状とは、要するに献金をすれば死んだ身内の罪を軽減させて天国に行かせることができる、つまり神の裁定をお金で左右する、買収するというものだった、と説明されている。

実は、このようなものは、一種の救済装置として、どの宗教にもあることである。仏教では、このような他者のために自己犠牲（お金を払うのも自己犠牲である。なぜならお金を稼ぐには、時間、労力、生命などを犠牲にするからである）を慈悲の行為とする。たとえ、それが金銭の授受によるとしてもである。実は、キリスト教でもこのような行為がなかったわけではない。そうでなければ、あのような壮大な教会も建設できないし、立派なお墓も宗教芸術や美術品もできないのである。

しかし、それが大きな問題になった点が、実は重要である。そこには大きな時代の変化がある。ひとつはイスラム帝国であるオスマントルコの圧迫による危機意識と、その厳しいアブラハムの宗教的な思想の影響である。また、黒死病などによる人口減、そして３つ目は大航海時代を迎えた精神の覚醒、さらに４つめはドイツ人などのゲルマン人、およびその文化とカトリックの基層をなすラテン人、そしてラテン文化との根本的な相違の表面化である。

つまり、ラテン系に優勢なカトリックは、普遍性を重視し、総合的で融和的なキリスト教であるが、それはキリスト教の２つの柱のうちのヘレニズム的な特徴が優勢な宗派である。一方、これに反発するゲルマンは、非カトリックの立場から、キリスト教のもう一方の柱であるアブラハムの宗教の傾向を強調した、と言える。それがプロテスタント諸派となったのである。そして、両者の対立は、現在でも続いている。両者のこの宗派の相違は、地域性が陰に陽に反映している。特に自然環境が厳しく、比較的貧しいゲルマン地域では、それに対抗する形で、律法厳格主義のユダヤ教的な要素を強調したプロテスタントが生まれ、好まれた。

また、アブラハムの宗教は、その救済が個人単位であり、そこに他者の助けが入る余地はない。つまり、マルチン・ルター（1483〜1546）はこのアブラハム的な原理を利用して、神の救いの名において、民衆から富を吸い上げる免罪

符を否定し、カトリック教会を糾弾した。しかし、その結果は、その意図以上に両者の対立は決定的となった。特に、プロテスタント派のアブラハムの宗教への回帰運動、つまり『聖書』の教えに戻り現状を変えてゆこうとする運動は、原理主義運動（原点回帰の改革運動）の典型である。

ドイツ人ルターの改革とその思想

以上をやや詳しく説明すると、ローマ教会による免罪符の販売を堕落と非難したルターは、以下の３点に要約されるキリスト教の新規軸を主張した。

「聖書主義」＝神の救いを得るためには、カトリック教会のような媒介者（仲保者）は必要ない。つまり神と個々人の契約という原点に帰り、個々人の責任で救済に関与するべき。これが一種の原理主義であり、現在の原理主義運動の原点でもある。

「信仰義認主義」＝人は行い（行為）によってではなく、信仰によって認められる。免罪符を買うことで、神と交渉できる（一種の呪術的な行為で、神に人間が影響を与える、操作する）というような人間主体の考え方の否定。

「万人司祭主義」＝だれもが司祭として自己の救いに関係できる。これにより宗教エリート（教会など）は否定され、神の前の人間の平等という思想が強調された。この思想が世俗社会においても実現され。個人主義や平等主義などの近代文明の基本となる思想や制度形成の道を開いた。今日の平等主義や民主主義の原点でもある。

要するに、ルターは、神と平信徒の仲保者（執り成しするエリート）として権威主義的、というより呪術的な存在としてカトリック教会を否定し、「魂の救済は信仰によってのみなされる」というセム的宗教としてのキリスト教の基本に戻ることを主張したのだ。ちなみに、カトリック的な発想は、ヘレニズムの要素が強いのである。つまり、カトリックが優勢な時代には、キリスト教のもうひとつの源流であるセム的な要素が劣勢となっていたが、ルターによって、

38　第1部　宗教とは何か

アブラハムの宗教的な要素が復活、強調されることとなった。

　この主張は、キリスト教世界を大きく揺るがした。ルターは「ローマ法王への挑戦者」であり、彼の教えは新しい教団として成長しプロテスタント派と呼ばれるのである。

　結果として、この運動は新しい社会的な機運を一層明確化した。特にルターは翻訳が事実上禁止されていたラテン語の『聖書』を、民族語であるドイツ語に翻訳し、グーテンベルクによって考案されたばかりだった印刷技術を駆使して『聖書』を印刷し、普及させた。それまで『聖書』はラテン語で書かれ、ミサもラテン語が使用され、民衆にはその言葉が理解できなかったが、これによって、『聖書』の内容が民衆にも理解可能となり、エリートによって独占されていた救いは解放され、民衆のものとなった。

　この教えにより民衆は、自らの救いを自ら獲得するという自己責任の思想を生み出した。そのために、民族語に訳された『聖書』を読み、理解する（教育の普及の源）自ら救いの行を実行し、自らその責めを負うという自己責任の思想構造が強化された。その過程で、責任の主体たる「自個」の概念が確立し、近代的な倫理観（世俗倫理）が、かつてのキリスト教倫理に代わり日常生活を規定することとなったことは先にも述べた通りである。

　その後、ジャン・カルヴァン（1509〜1564）などによってこのプロテスタントの改革は一層先鋭化、特にセム的な原理が強調された。この、カルヴァンから発した流れは、英国のピューリタンとなり、現在のアメリカのプロテスタントの主流となっている。

　以後のキリスト教の歴史は、カトリックとプロテスタント諸派との熾烈な教義論争や、過酷な拡大競争が世界を巻き込んで展開されることになる。

近代文明とプロテスタント

　近代文明は、ルネッサンスから始まるとされるが、精神や信仰面ではプロテスタントの発生によって、従来のカトリック世界が分断され、それを契機とし

て生じた大きな変化を生かした時代認識である。つまり、ヨーロッパの近代と中世を分けるものは、キリスト教の分裂という現象にその基本がある、ということである。

　そして、新たに生まれたプロテスタント諸派の提示した生活スタイルが、近代文明と呼ばれるものの原点、少なくとも中心のひとつとなったのである。つまり、カトリック的な階級構造の否定としての平等主義、自由主義、神から預かったこの世を教会が支配するという構造を直接信徒が支配するという民主主義制度、その結果として生まれた近代的な国民国家、民族国家、そしてこれらを支える被救済者としての一人ひとりの自覚としての個人の概念の確立、さらに、神の意志を教会のように思弁的、観念的に解釈するのではなく、現実社会、或いは自然の背後に見ようとする科学合理主義的思考、またそれを日常生活で守ろうとする倫理思想など、彼らの教理から生まれた生活様式は、西洋近代文明の基礎となっているのである。

　そして、プロテスタントが、反カトリックとして掲げた『聖書』回帰主義は、結果として世俗主義的な宗教形態を生み、そこから宗教の聖なる空間と日常世界との統合という西洋近代文明独自の世俗主義が生まれた。ここでいう西洋近代文明における世俗主義は、日本人が考えるような聖俗分離でも、また世俗世界の宗教世界の否定ではない。それは、カトリック的な宗教エリートによる世俗社会の支配という形の否定であり、神と民衆が直接まみえる、いわば聖俗一致型の世俗主義のことである。日本では、この点の理解が曖昧である。

　西洋近代における世俗主義は、世俗世界こそ神と直結する神聖な空間である、という意味であり、政教分離というのは政治と宗教ではなく、政治と特定の教会との分離、というアメリカ型の解釈も含んでいる。

　ここで、注目されるのが世俗社会におけるリーダーの存在、いわゆるスチュワードシップの考え方である。つまり、宗教エリート集団である教会を否定したプロテスタントは、一人ひとりが神の世界を預かる者としての自覚と使命感を持つ（これが基礎のスチュワードシップ）と同時に、現実的には自らの代表にそれを託すという代議制構造（代理で納めるという意味のスチュワードシップ）

40　第1部　宗教とは何か

を生み出した。そして、選ばれた代表者が、社会を導くという、世俗内エリート構造を作り上げた（近藤勝彦『デモクラシーの神学思想』参照）。

民主主義とポピュリズムの相関性

　ここで注意しなければならないことは、この制度は代表者を選ぶ一人ひとりが独立した人格として、神との契約を主体的に守り、その責任を主体的に負う自覚を持った個人であるという点である。つまり、宗教的救済と世俗社会における救いが一体化した構造の近代社会は、個人の宗教的な使命感と社会的責任感が一体となって成立するのである。

　この形態は、今でも西洋の社会の構造に色濃く投影されている。例えばアメリカの大統領は、大統領の無謬性とでも言えるように、任期中の失敗は問われることがない。あのブッシュ大統領親子、特に、ジョージ・W・ブッシュ大統領のイラク戦争開戦は明らかに誤りであり、その後のアメリカの威信を大きく損なうことになったが、その責任を問われることはない。それは神の代理人への絶対の帰依と一度自らの責任で選んだ指導者には、最後まで従うというキリスト教の伝統的な思考が投影されているからである。つまり、自らの責任は自らがとる、という強い自覚である。

　ところで、最近世界で急激に台頭しているポピュリズム（大衆迎合主義）と言われる傾向は、近代民主主義を支える基本単位である個々人の、宗教的、社会的な自覚の欠如がある、ということを知っておく必要がある。

　先にも触れたように、民主主義の大前提は、一人ひとりの個人が自らの社会的な責任を全うせねばならないということである。しかしその意識が衰退すれば、せっかくの民主主義的な制度も全く逆方向になってしまうのである。それがポピュリズムさらには全体主義的民主主義へと進む原因である。故に民主主義の制度は、信仰の薄れたキリスト教圏や非キリスト教圏では注意を要する。つまり仏作って魂入れずとなってしまったのがポピュリズム現象である。

2　キリスト教とは何か　*41*

3 イスラム教とは何か

　イスラム教は、現代社会において最も拡大基調にある世界宗教である。また、しばしば述べたように、その基調をユダヤ・キリスト教と同一の神を共有すると主張する宗教である。故に、その神は唯一にして、絶対なる創造主ということになる。その意味でイスラム教（本章では、イスラムやイスラム教、イスラム教徒と用いるが、基本的に、イスラムという場合は、宗教、政治、経済、文化など多様な意味を含む時、イスラム教は主に、宗教的な領域や、他宗教との比較の時、イスラム教徒（ムスリム）は信徒のこと）は、アブラハムの宗教のひとつの分派とも言い得るのである。それは当然、ユダヤ、キリスト教にも言えることである。つまり、これらの宗教は、宗教学的に言えば兄弟宗教ということになる。

　ただイスラム教はユダヤ、キリスト両教に対して、神との契約実行に不誠実であったが故に、神が彼らとの契約（救いの条件）を破棄して、新たにそして最後の契約書（救いの証し）として、ムハンマドに『コーラン』を授けた、という自己認識を持っている。故にイスラム教こそ真に神（アッラーと呼びかける）の教え（救済の契約書、証文）を守る者である、ということになる。ただし、同じことは、キリストも述べており、これは他の宗教に見える宗教改革者の言説である。

　ちなみに、アブラハムの宗教であるユダヤ・キリスト・イスラムの3教では、神の名を呼ぶことはタブーであり、実際神は「ヤハウエ、ゴッド、エホバ、アッラーなど」多様に呼びかけられるが、どれも神の真の名ではない。彼らが用いる神の呼称は異なるが、すべて同じ神を示すことになっている。

　このようにイスラム教は、神の教え（救いの条件の契約書）を最後に託されたマホメット（ムハンマド）によって開かれた最新にして、最後の宗教という

42　第1部　宗教とは何か

歴史性（現象の前後関係を重視する立場。一方輪廻思想では、思想や現象の同一性を重視する）を根拠とする宗教である。ただし、他の宗教は、当然ながらイスラム教のこの主張を認めていない。それ故に、これら３者は互いに争う場合が多いのである。

　いずれにしても、このイスラム教の歴史は人類への最後の福音（神の救いの知らせ：『コーラン』、救いの契約書、証文……）を世界に広めるために、一人ひとりがその任を果たすことを義務とする、いわばイスラム教徒のすべてが信徒であり、同時に布教者（宣教者）という、キリスト教のプロテスタント派と同様な聖俗一致型（というより非分化）で、筆者はこれを聖俗一元型と呼んでいる。以下でその歴史を概観する。

40歳までは普通の人生を送ったムハンマド

　宗教の性質を学問的に、理解するには、開祖あるいは教祖の人生を理解することが、宗教を理解する上で重要な要素となるが、特にイスラム教では重要である。というのも、イスラム教の場合は、その宗教構造上、開祖ムハンマドの一挙手一投足が、救済の行為と直結するという救いの構造になっているからである。つまり、細かな救済規定が定められているイスラム教であるが、その実践の具体例として、ムハンマドの言行（スンナ）がある、という構造になっているからである。

　そのために、イスラム教徒は、大変な宗教的情熱、というよりも救いのために不可欠な情報として、ムハンマドの言行録（シャリーア）を編集した。その際、イスラム教の成立が新しいために、また開教程なく世界宗教に発展したために、多くの史料が残されていること、さらに、前述のようにイスラム教徒が、ムハンマドを模範として生活することを理想として、現在まで、それを宗是として貫いているために、その正確さは比類を見ないものである。故に、ムハンマドの人生を知ることは、イスラム教という宗教を知る基本的なものである。

　この点は、仏教教団における戒律と僧侶の関係に近いものである。ちなみに、

3　イスラム教とは何か　*43*

キリスト教には、イエスの定めた具体的な戒律に当たるものはない故に、信仰が重視されたのである。またその代わりの規範を教会が定め、民衆を過剰に制御したために、その反発として世俗生活において、厳しい規範性を強調したプロテスタントが生まれたが、その形態は聖俗一元のイスラムの構造に類似している。

以下、ムハンマドの生涯を簡単に見てみよう。

イスラム教の創始者ムハンマドが生まれたメッカは、東西交易の主要ルートのひとつアラビア半島の交易路の途上にあるオアシス都市であったばかりでなく、ザムザムと呼ばれる豊かな水が湧く場所（＝オアシス）に、遊牧民が神殿を建て、これらを祭った宗教都市でもあった。実はイスラム教の思想を理解する上で、この自然条件は重要である。つまり、イスラム教の唯一神信仰と厳しい排他性と自己正当化の思想は、砂漠のオアシスの管理者であったクライシュ族の思想伝統と関係があると思われる。なぜなら砂漠のオアシスの管理者とは、命の源の水の管理者であり、その力は絶対的となるからである。

ムハンマドは、570年（または、571年）頃に、メッカを管理していたクライシュ族の族長の孫として生まれた。しかし、出生前に父を、そして幼くして母をさらに祖父を亡くし、伯父のもとで成長した。父系制社会の色濃いアラブ社会において父のいない彼は、不運な時代を過ごした。

ところが25歳の時に、雇い主であった15歳年上のハディージャという女性と結婚し、漸く経済的な安定と、家庭の幸福を得ることができた。彼は、4人の娘と2人の息子をもうけたが、2人の息子は若くして失ってしまった。ちなみに、現在ムハンマドの子孫とされる人々は、娘の系列である。

40歳頃に預言者として選ばれた彼は、その死に至るまで、預言者であり使徒として、幾多の戦いと布教に明け暮れた人生を送ったが、終生ひとりの人間としての謙虚さを持ち続けたと、イスラム教では強調される。それはライバル宗教であるキリスト教が、イエスを神の子として神格化したことへの反発でもあり、正統なアブラハムの宗教としての自己主張でもある。

天使によって授けられた『コーラン』

　生活の安定を得たムハンマドは40歳の頃に、メッカ近郊の山のヒラーの洞窟で瞑想を行うようになった。メッカの拝金主義、物質主義的な世相などに不安を感じ、ヒラーにおいて瞑想することで心の安定、神の救いを求めたのだとされる。これは、彼の祖父もそうしたとされるし、恐らく当時の富裕層の習慣だったのであろう。

　610年の三日月の夜、ヒラー山の洞窟で瞑想をしていたムハンマドは、彼を「預言者にする」という天啓＝天の啓示を受ける。つまり彼の前に「光り輝く者」として現れ、彼に「誦め」と命じたという。『コーラン（クルアーン）』には、次のように書かれている。

　　誦め、「創造主なる主の御名において。いとも小さい凝血から人間をば創りなし給う。」誦め、「汝の主はこよなく有難いお方。筆もつすべを教え給う。人間に未知なることを教え給う」と。(96章)（井筒俊彦訳、岩波書店）

　ムハンマドは、はじめは「私は読む者ではない（読むことはできない）」と答えた、とされる。というのも彼は、不幸な生い立ちのために読み書きなどはできなかったためだ。ところが、その「光り輝く者」は、ムハンマドをはがい締めにしてまで、「誦む（実は、唱える）」ことを命じた。ムハンマドがその言葉を復唱するまで、3度、それが繰り返され、その「光り輝く者」は去っていった。この『コーラン』の記述は、宗教学的な一般論でいえば、ムハンマドの宗教体験、いわば神がかり体験を意味する。金縛り等特殊な体験を通じて、非日常的な宗教体験を持つことは、特に啓示宗教の特徴であるからである。

　事実、ムハンマドは、自分が「ジン」という魔の精霊に取り憑かれたのかと恐怖を覚えたが、妻ハディージャにこの体験を話すと、ハディージャは、キリスト教徒であった従兄弟に相談をした。その従兄弟は「それこそ、神から遣わされた大天使ジブリールに違いない！」との判断があり、彼もそれを受け入れた。

ムハンマドと啓示

　それ以来、ムハンマドのもとにしばしば大天使ジブリールが現れ、「神の言葉」を彼に伝えた。ムハンマドはその言葉を暗誦したが、彼は文字を書けなかったため、周囲の者が、あとから書き取った。

　これが、『コーラン』となる。『コーラン』は最初からひとつの形としてできあがっていたのではなく、ジブリールの啓示があるたびに、書き加えられていった。ジブリールの啓示は、それから23年間、ムハンマドが亡くなる直前まで続いた。ただ、このジブリールの姿や声は、その当時、ムハンマド以外に聞いた者はなく、だれも一度も確かめてはいない。

　しかし、ムハンマドが「アル・アミーン（正直な人）」という別名で呼ばれていたほどの正直者であり、しかも、無学で字の読み書きもできなかったことから、周囲の人々は、この啓示を信用したという。というのも彼の啓示の言葉の旋律があまりにも素晴らしく、人間技ではなかったと考えられたからである。しかも、彼が後に幾多の戦闘に勝利したことが、彼の正統性を示す証し、と理解された。

　ムハンマドは、ヒラー山での「霊的体験」の３年後、613年からメッカの郊外の丘の上で、アッラーの教えを説き始めた。

　メッカは、商人たちが行き交い、交易都市としては栄えていたが、政治的には統一されていたわけではなく、たくさんの部族が集まって住んでいた、部族ごとにバラバラな価値観で運営されていた。

　ムハンマドが属していたクライシュ族は、前述したように、諸部族のご神体が奉納されていたカーバ神殿と、オアシスの水の管理を受け持ち、商業の利権を確保していたため最も力のある部族のひとつだった。部族はひとつの国家のようなもので、商売も部族ごとにまとまって行い、生活においても部族の族長がすべてを取り仕切り、あくまでも「全員一致」を原則とする部族会議で最終的な決定が行われていた。

　しかし、貧富の格差や部族間の紛争は後を絶たず、経済的な繁栄の裏で社会

不安は増大していった。そのような社会に対して、不幸な生い立ちを持つムハンマドは、不満を募らせていったのであろう。彼が神の前の平等や平和を説き、孤児や寡婦への社会的な救済（慈善）をことさらに強調する背景には、彼が直面した厳しい現実があった、と思われる。勿論、このことはイスラム神学では、神の啓示である。

迫害されたムハンマド

　ムハンマドの教えは、すぐに広く受け入れられたのではない。「アッラーこそ唯一の神」というムハンマドの教えは、それまで、部族社会が伝統としてきた、女神信仰や偶像崇拝などを否定するものだったからだ。

　特に、クライシュ族は多くの部族の神々の像を祭るカーバ神殿を管理していたため、部族の権威をおとしめるものだと受け止められた。これまでの信仰を捨てて、「アッラーの神」のみを信じることを主張したムハンマドは、当初からいやがらせを受けた。

　また、ムハンマドは、「富の公平な分配」、「商売を独占することの禁止」「因習の廃止」「寡婦の救済」などを主張したため、クライシュ族にとっても、他の部族にとっても、伝統を否定し、現在のメッカでの利権を捨てることになるので、とうてい受け入れられない教えであった。

　例えば、当時の「因習」のひとつには、女児が生まれると、口減らしのために砂に埋めて殺す、という非人道的な習慣があった。また、富者は財に任せて沢山の妻を持っていた当時のメッカの習慣を否定し、妻の数を４人と限定したことは、ムハンマドの優れた博愛的行為だと、イスラム教徒は考える。もっとも『コーラン』では、「右手の所有物（正式な妻でない、妾や奴隷女など）はその限りにあらず」（４章－３節）としている。

　いずれにしても、クライシュ族をはじめ、部族の伝統を重んじる者たちが妨害をしたにも拘らず、ムハンマドの教えが次第に広がってきた背景には、ムハンマドの説く言説が、人々に共感されたからであろう。また、ある晩に、彼は

天使とともにメッカからエルサレムに飛び、「第一の天」から「第七の天」まで昇ってアッラーと言葉を交わした、という伝説もある。これは、「夜の旅と昇天」と呼ばれ、『コーラン』(17章) に記されている。このできごとがあったために、アブラハムの諸宗教の聖都エルサレムが、イスラム教の聖地のひとつに加わり、一層普遍性を持った。しかしその結果、今日に至るまで、この地は3教共通の聖地となり、また奪い合いの歴史となった。

ムハンマドの死とイスラム教の確定

迫害が激しくなったことから、ムハンマド等は、622年の秋、家族と100人ほどの信者を連れて、メッカの北北西約300キロのところにあるヤスリブに移った。これを「聖遷＝ヒジュラ（または、ヒジラ）」という。ヤスリブは、その後、「アル・マディーナ（予言者の町）」と改称される。現在、メディナと呼ばれている町である。

この年、622年がイスラム元年＝ヒジュラ元年とされている。

このヤスリブの人々は、かつてメッカに巡礼した時に、ムハンマドが信仰で社会をまとめようとしていることを知っていたという。そして、ムハンマドは、ヤスリブにイスラム教徒の宗教都市国家を築くことに成功した。異なる部族が共同で国家（勿論、前近代的な未熟なものであるが）の形を作ったのは、アラビア半島では、これが初めてとされている。

しかし、その後、ヤスリブに住んでいたユダヤ教徒と、イスラム教徒との間で摩擦が起き、ユダヤ教徒の2部族はヤスリブから追放され、もうひとつのユダヤ教部族は、男はすべて殺されて、女子は奴隷とされてしまった。これをクライザ族事件と言う。

また、ムハンマドがメッカから連れてきたイスラム教徒（教友：サハードと呼ぶ）は、交易のキャラバン隊を襲って金品を強奪したため、ムハンマドの宿敵であるメッカの商人達は軍隊を編成してヤスリブのイスラム教徒たちを攻撃した。この戦いはムハンマドの死の直前まで十数回に及んだ。

48　第1部　宗教とは何か

この時期に、いわゆるジハード条項と言われる「財産と生命をもって、アッラーの道に奮闘努力せよ」（三田了一訳『クラーン』ムスリム世界連盟）という、異教徒に対して戦うことを義務とする記述が生まれた（イスラム教的に言えば啓示が出された）。当時、イスラム教徒全体が、生命を賭けて異教徒と激しく戦っており「ジハード＝聖戦」の教えは、宗教学的に見ればその正当化の反映である。

　そのために、イスラム教では、ジハードで死ねば、来世は楽園に行けるというような啓示も下されたのであろう。そのために来世では、あらゆる欲望が優先的にみたされる、とも教えた。この教えで、死を恐れなくなったムハンマドの軍隊は強く、ムハンマドは、630年に2万人の兵とともにメッカを完全に制圧し、住民全員を強制的にイスラム教に改宗させた。

　そして、カーバ神殿にあった360体の神をすべて廃棄し、黒い石が置かれた場所（カーバ神殿）をイスラム教の最高の聖地であるとした。

　このメッカ制圧で、メッカとメディナ（アル・マディーナ）、そして、ムハンマドの死後の638年にエルサレムを支配し、これら3カ所がイスラム教の聖地となった。特に、エルサレムは、ユダヤ教（事実上問題とされないが、神学上は重要な存在）、キリスト教の聖地であったが、さらにイスラム教が加わり、しばしば宗教上の争いの場となって今日に至っている。ちなみに、ムハンマドはメディナへの聖遷前は、メッカではなく、エルサレムの方向を向いて祈りを捧げていた。なぜならイスラム教こそが、最後にして最も確実な神による啓示宗教である、という認識からである。しかし、メディナに聖遷した後、礼拝をメッカの方向とした。一説には、ムハンマドは自らを真のキリスト教徒だとその初期には考えていたと言われ、エルサレム遥拝も、その一環であろう。しかし、真に宗教的な独自性を確立するために、急遽メッカへの遥拝が決定された。『コーラン』にはその時の混乱が垣間見える（『コーラン』2章136〜145など）。

3　イスラム教とは何か　*49*

イスラム教の根本教義とは？

　イスラム教の教えについて、ここまでにも部分的に触れてきたが、その思想の全体像をまとめておこう。

　イスラム教は、「アッラー」こそ唯一の神であり「この神以外に他の神など存在しない」、神の使徒である「ムハンマドの言うことを信ぜよ」という教えが基本である。

　「イスラム（イスラーム）」とは、一般に「神＝アッラーの意志、命令に絶対服従する」という意味であり、「アッラー」とは「神」を表す言葉で、アラビア語の定冠詞「アル」と神という普通名詞「イラーフ」を発音する時に、「アル・イラーフ」が転じて「アッラー（または、アッラーフ）」となった。

　そのアッラーがムハンマドに伝えた言葉が書きとどめられたものが『コーラン』であり、これがイスラム教の教えの基礎である。それまで様々な多神教を信仰していたアラブ人たちが、イスラム教を受け入れた最大の理由は、その『コーラン』の教えとともに、『コーラン』そのものが音楽的で、言葉も美しかったことだと考えられている。

　詩文を好んだアラブ人たちにとって、『コーラン』は、この上なく神秘的で美的なものと響いたようだ。そんな美しい詩文を、文字も読み書きできないはずのムハンマドが、次々と口にしたことそのものが神秘であり、奇跡とされた。『コーラン』とは、「読み、誦えるもの」「朗誦するもの」という意味だが、その呼び名の通り、声に出して誦えてこそ、つまり、発声されてこそ『コーラン』となる。さらにこの『コーラン』は、唯一の神の命令であり、被造物である人間が、手を加えることが禁止されている。具体的には翻訳の禁止である。故にアラビア語でないものは『コーラン』とは認められない。ここにも、唯一性を重視するセム的伝統の復活がある。ちなみにアブラハムの宗教の聖典は、唯一無二の契約という設定なので、基本構造としては翻訳（代替物を作ること、これは契約の複製を作ることになる）は、想定されていない。故に、キリスト教、特にプロテスタントのように多数の翻訳を認めるという発想は、アブラハムの

宗教では、新基軸である。もっとも、仏教のように翻訳を積極的に認める宗教もある（1部5：仏教独自の宗教形態以下参照）。

信仰の基本

　イスラム教とその兄弟宗教であるキリスト教と異なる点は、『コーラン』に定められた律法の重視、ハディースの遵法規定が、厳守されている点である。つまり、その救済項目や条件に時代や文化のブレが小さい、という点である。イスラム教ではその当初から今日まで、ムスリムが何を信じ、何を行うのか、基本的に定まっている。それが「六信五行」という基本である。

　「六信」は、「アッラーの神を信じよ」「天使（人間を守護してくれるもの）を信じよ」「啓典＝『コーラン』および、その下に位置する『旧約聖書』と『新約聖書』を信じよ」「預言者＝神の使徒マホメットを信じよ」「来世＝来世には楽園と地獄があり、楽園にいくと果物と鳥肉が食べられ、葡萄酒もたらふく飲め、若くて美しい処女が妻として与えられる。それを信じよ」「天命＝定められた命運を信じよ」としている。

　「六信」の6番目の「天命」とは、人間がこの世で経験することのすべてで、それはすでに天の書に記されており、この世で何が起こってもそれはすべて天命だということである。

　「五行」の「信仰告白」とは、1日に5回の礼拝の時に、「アッラーの他に神はなし。ムハンマドはアッラーの使徒なり」と唱えることである。

　「礼拝」は、1日に5度、メッカの方角に向かって、夜明け、正午過ぎ、午後、日没直後、日没から寝るまでの夜に礼拝をする。礼拝の前には両手を洗い、濡れた手で頭をこする。そして足を洗って体を清める。

　毎日の礼拝とは別に、金曜日の昼にモスクに集まって集団で礼拝する習慣もある。金曜礼拝は、成年男性にとっては義務だが、女性は自由参加だ。金曜礼拝は、イスラム教徒同士の情報交換の場としても機能している。

　「断食」は、「ラマダーン月」に行う。「ラマダーン月」とは、ムハンマドが

3　イスラム教とは何か　51

ヒラー山で天啓を受けた月を記念するもので、その夜を「布告の夜」と呼んでいる。ラマダーン月はヒジュラ暦で第9の1月間。この期間中は太陽が出ている間、飲食を断つ。厳しく解釈する人は、唾さえものまない。このヒジュラ暦は1年が354日、または、355日のため毎年「ラマダーン月」は、10日あまりずれていく。したがって、夏に当たると非常に厳しい規定である。ただし、日没から日の出までは、飲食できる。このプチ断食も、アブラハムの宗教に共通するものである。

「喜捨（ザカート＝浄化）」は、財産の2.5％程度を貧しい者や病人に与えること。後述するが、弱者救済は、イスラム教の教えとその理想とする行為の中でも特に重視されている。

「メッカ巡礼（ハッジ）」は、ヒジュラ暦第12の月の初旬に行われる。巡礼を行うことは非常に尊敬される行為で、少なくとも一生に一度は行わねばならない。巡礼をする人はどんな身分の人も同じ白い衣服を身につける。しかし、メッカやメディナの時代は容易であったハッジも、イスラム教が世界宗教となると、その実行は難しくなった。交通網の未整備の時代は、それこそ命がけであった。しかし、同時にメッカには世界中から人々が集まり、情報交換がなされ、またこのために航海技術の発達、道路網の整備、さらには経済的な一体感など流通を促進するという効果も生まれた。

また、巡礼に代わりジハードが義務として指定されたとする考えもある。現在でもジハードはよく用いられ、主にテロの実行犯を賞賛する場合に用いられる。しかし、その基本は、イスラム教、またはその信仰を守るために奮闘努力することを指し、必ずしもテロや戦闘行為を指すわけではない。もっとも、イスラムの社会が危機に瀕している、あるいは脅かされていると判断が下されれば、ジハードはまさに命をかけて敵と戦うことを意味する。つまり新しい宗教で、敵の多かったムハンマドの時代以来、教団を拡大し、それを守ることが至上命令のイスラム教ならではの定めである。そして、このジハードはしばしばイスラムの拡大と支配地や戦利品の獲得という、現実的な欲望と一体化していたこともよく知られたことである。

『コーラン』と『ハディース』によって定められる生活の規範

　イスラム教において。聖典『コーラン』の次に重要な書物が『ハディース』だ。「ハディース」とは、「語ったこと」という意味で、ムハンマドの生前の言行（スンナ）が詳細に記されているものだ。

　ムハンマドは神に選ばれた最高の預言者であり、その彼の言行のすべては神の意志にかなったことだ、という発想で、すべての信徒は彼の言行（スンナ）の詳細を求め、それがまとめられて『ハディース』となった。

　『ハディース』には、『コーラン』に書かれていることを実際にはどのように実行すればいいのかが記されている。その記録は100万件もあったとされるが、その中から約7300の話が選ばれ13世紀に『ハディース』としてまとめられた。例えば、イスラム教徒のほとんどの男性がヒゲを生やしているのは、『ハディース』に「マホメットはヒゲを生やしていた」と書かれているからで、イスラム教徒は、『コーラン』と『ハディース』の記述を集大成した律法である『シャリーア』＝「イスラム法」を守らなければならないとされる。

　しかし、その法解釈は、実は多様である。酒を飲んではいけない、「ハラール（許されたものの意）」以外食べてはいけない、といったことも、『コーラン』と『ハディース』にあるが、さらに具体的な規定になると、意外と解釈次第で自由度が高い。例えば、飲酒は、『コーラン』で「悪魔の業」とされ、厳しく禁じられている。しかし、実際にはアルコールの定義が、多様なためにその規制はイスラム国家でも国によって違う。サウジアラビア、イラン、リビアなどでは禁酒が徹底されているが、エジプト、トルコ、シリアには国産のビールなどがあり、輸入、販売が許されている。またワインを作っている地域もある。ちなみに有名な哲学者であり、医師であり西洋でも有名なアヴィセンナ（980～1037）は、研究に疲れるとワインを嗜んだと書いている。

　ただし、豚肉については厳密で、海外からソーセージなどの豚肉加工品を持ち込むことも禁じられている。日本製のカップ麺などに、油脂やチャーシューが入っていると税関で止められることがある。また、調理に関しても、豚肉な

どを扱った調理器具で、イスラムの食事を調理することは忌避される。日本でも最近は、ハラール（イスラム教徒用に用意された食材・食事）とハルム（非イスラム食）の区別が知られるようになり、ハラール食を出すレストランも出現した。

ムハンマド以後のイスラム

ムハンマドは、63歳の時にメディナで没した。ムハンマドが望んだように、それまでのアラブ世界の部族の壁を取り除き、アラブを統一に導いたイスラム教だったが、このアラブ社会伝統の習慣が、イスラム教団を分裂させることとなった。

アラブ人の、「後継者は男子でなければならない」という血統重視の考え方は、イスラム教でも重視されたが、ムハンマドの子供は、男子2人が早世したため、女の子しかいなかった。その結果、後継問題でもめることとなった。

この後継者争いで生まれたのが、ニュースでよく耳にする「スンニ派」と「シーア派」という宗派だ。この2つの宗派の違いについて知っておかないと、イスラムの様々な動きを理解しづらい。

ムハンマドは、後継者を指名しなかった。そこで、信徒の中の有力者が集まってカリフと呼ばれる後継者が選ばれ、指導者の地位に就いた。初代のカリフはアブー・バクル。ムハンマドの妻・アーイシャの父だった。二代目カリフ、ウマル1世もムハンマドの他の妻の父で、彼はイスラムが帝国形成へと発展する基礎を築いたが、暗殺されてしまった。三代目カリフは、メッカの名門・ウマイヤ家出身のウスマーン。しかし、ウスマーンは、要職をすべて親族で固めるという独裁者タイプだったために、やはり、暗殺された。

この間に、イスラムは拡大し、周辺の国々を武力で制圧するなどしてイスラム帝国と呼べる規模になっていた。規模が拡大するとともに、カリフの座を巡る権力闘争が激しくなっていった。

四代目のカリフ候補が、ムハンマドの従兄弟で娘婿でもあったアリーだった。

アリーは、「血統」的には最もムハンマドに近かった。

ところが、先代のカリフを出したウマイヤ家がこのアリーのカリフ継承を認めなかった。継承権を巡って、アリー派とウマイヤ家派は、656年に戦火を交えたが決着が付かず、調停となった。ところが今度は、この和睦に反対したアリー側の最も過激な解釈をするハワリージュ派が、アリーを暗殺してしまった。

そして、このゴタゴタの中で、イスラム帝国の領土となっていたシリアの総督で、ウマイヤ家出身のムアーウィヤ（ムアウィーヤ）が661年にカリフの地位に就いた。

ムアーウィヤは、シリアのダマスカスを都としてウマイヤ朝を開き、カリフを世襲制とした。ただし、ムアーウィヤは軍人出身の高官であり、ムハンマドの血統とのつながりは薄い。

これに対して、アリー派は、「カリフの継承権はムハンマドの血統を継ぐ者にしかない」と主張し、自分たちのほうが正統だと「シーア・アリー（アリーの党派）」と名乗った。これが「シーア派」となり、ウマイヤ家側についた宗派が「スンニ＝慣習（スンナともいう）に従う者」として「スンニ派」となった。

シーア派は、スンニ派が独占する「カリフ」を「政治だけの最高権威」と扱って、自分たちは、「宗教の最高権威」として新たに「イマーム」という呼称を創設した。

イマームとは『コーラン』の中にあるとされる「隠された意味の継承者」のことで、この「隠された意味」こそ、「ムハンマドからアリーに直接伝えられた秘伝」であるとしている。これには、秘儀的宗教、つまり非セム族の宗教の要素がある。いずれにしても、シーア派とスンニ派は、その正統性を争い相容れない存在となっている。

つまり、イスラム人口のほぼ1割と少数派であり、イラン・イラクにほとんど集住するシーア派であるが、世界のイスラム化という視点からの分析においては、大きな存在感を持っている。昨今でもシーア派のイラン政府とスンニ派の名手を自認するサウジアラビアとの間で緊張が高まっている。

3　イスラム教とは何か　*55*

「イスラム世界」の拡大と現在の問題

　21世紀の国際社会のイスラムの存在拡大は、目を見張るものがある。それは人口増加のみならず世界各地における政治、経済そして文化における存在感の増大である。あたかも近代以降の停滞を取り戻そうとするようである。

　ここで、このイスラムの拡大を鳥瞰してみると、その特徴的な拡大の歴史と、現代社会が直面する問題の本質の一端が明らかになる。まず、イスラムの歴史を鳥瞰すると、拡大と停滞を交互に繰り返しているのである。そして、拡大と停滞期を繰り返しながら、現在社会は第4期のイスラム拡大期に入っていると筆者は考えている。また、このイスラムの拡大は、単なる信徒の拡大にとどまらず、イスラム文明の支配の拡大とほぼ重なる点も重要である。それが政治・宗教一元体制であるイスラムの特徴でもある。以下イスラムの拡大を地域に連動した形で、概観してみよう。

　まず第1期は、ムハンマドの開教から約8世紀初頭頃までである。この時は開教からわずか80年ほどで、東はインダス河流域から西はイベリア半島までを一気に支配した、奇跡の時代であった。いわゆる「『コーラン』か、剣か、貢納か」というスローガンのもとに、7世紀から8世紀にかけて、イスラムの大征服運動の時代である。しかし、これ以後、拡大した領土の整備などで、イスラムの拡大は停滞する。というのも、この時代は、イスラム教の拡大よりも領土的野心、利益優先でむしろ支配者は、異教からの人頭税の減少を危惧し、布教を控えた時代であった。この時、広大な地域に進出したイスラム教徒は、約130万人であったが、当該域をイスラム化することはほとんどなかった。この時代はイスラム文明の形成期であり、諸文明からの学習の時代であった。

　第2期は、イスラム文明が確立した中央アジアからインド亜大陸への本格進出の時代である。この最初はアフガニスタンのガズニ朝（955〜1187）から始まる本格的なインド（インド亜大陸）のイスラム化である。以後現在に至るまで、インドのイスラム化は進行し、そのイスラム人口は、現在パキスタン（約1.8億人）、インド共和国（約1.2億人）、バングラデシュ（約1.5億人）となり、ほぼイ

ンド亜大陸の3人にひとりの割合となっている。また、世界のイスラム人口の4人にひとりはインド亜大陸に住んでいることになる。現在もイスラム人口は、急激に増えており、そのためにヒンドゥー教徒が80%を占める多数派のインド共和国では、この点を憂えて、ヒンドゥー・ナショナリズムが活発となり、国粋主義政党のVJPが政権を握ることとなった。この問題は、インドとパキスタンの緊張関係を生み出しているひとつとなっている。

　第3期は　東南アジアのイスラム化である。いわゆる東南アジアは島嶼地域と大陸部に分かれるが、イスラム化が顕著なのは、マレー半島以南の島嶼地域である。特に、島嶼地域は、かつてヒンドゥー教や仏教の緩やかな統治が行われていた東南アジア地域も、その源流に当たるインドのイスラム化の影響を受けて、また、西方との貿易に有利であるということも関係し、当該地域のイスラム化は14〜15世紀以降徐々に進み、多宗教と共生する独特のイスラム文明を形成した。その結果、当該地域の大多数は穏やかなイスラム教徒となっている。

　そして、第4期が主に20世紀以降のイスラムの欧米地域への移民、難民、出稼ぎなどでの人口移動期である。ここに至り、イスラム文明の西洋近代文明への対応が可能となった。この時期はかつてのような政治的・軍事的な侵略による支配と改宗政策に結びついていないが、しかし、その人口増加率によって、すでに各地で社会的な力を持ち出している。

　2017年にはイギリスのロンドン市長もイスラム教徒が就任した。また、現在西欧で問題となっているイスラム難民・移民の問題も、基本的にはこのイスラムの拡大、特に第4期における初期段階と考えると、わかりやすいであろう。かつて筆者は、ヨーロッパやアメリカのイスラム化ということを問題としたが（『イスラム原理主義・テロリズムと日本の対応』北樹出版）、その後、9.11事件があり、トランプ氏の政策などで、その進行速度は緩やかとなった。しかし、ヨーロッパに関しては、主にアメリカの中東・北アフリカ・中央アジア政策の失敗によるヨーロッパへの移民、難民の流入と定着が、イスラム拡大運動の形態である、と言えよう。キリスト教の優勢地域である欧米諸国にとっては、イスラム移民、難民の存在は、今後多面的な課題となるであろう。

イスラムの拡大と多様化

　イスラム教は、「六信五行」に代表されるイスラム法に基づいた日常の教え
を忠実に守り、よりよい社会（イスラム教徒にとって生活しやすい社会というこ
とである点は注意を要する）を創ることを理想としている。つまりイスラム的な
価値観で、イスラム法に基づく公正な社会を実現すること、イスラム教の信徒
同士が相互に助け合い、貧しい者や災害に苦しむ者を助け、秩序ある社会を建
設することをめざしている。

　しかも、イスラム法に定める公正を実現することは、宗教領域のみならず、
世俗社会、例えば商取引においても厳密に適用される。また、「五行」のひと
つである「喜捨（ザカート＝浄化）」などによって、献金すること、弱者を救済
することは一種の義務であり、その目的は、現世における自分自身の罪を浄化
し、よりよい来世が保証されるということである。

　これは、ムハンマド自身が両親を早く亡くした孤児だったことから、貧しい
者を救うことに力点が置かれたと考えられる。

　しかし、現実には、1979年から7年以上続いたイラン・イラク戦争のように、
イスラム教国同士が戦火を交えることも多いし、教理の解釈で対立し合うこと
も少なくないのも事実である。

　さらにイスラム社会は、イスラエルが建国されて以来、パレスチナ問題など、
中近東をはじめとして、各国とも内外に様々な困難、問題を抱えてもいる。

　いずれにしても、イスラムは多様であり、アフガニスタンの旧タリバーン政
権、イスラム国、アフリカのボコハラムのように、イスラム教原理主義勢力に
よる歴史の時計を過去に巻き戻すような原理主義派もあるが、女性に参政権を
認めよ、といった「民主主義的な要求」が強まっているのも事実である。

　イスラムの存在は、このように多様であり、欧米のメディアが発信する情報
だけに頼ると、その実態が歪められる可能性が高い。

58　第1部　宗教とは何か

イスラム教と現代文明の齟齬

19世紀以来、イスラム文明圏のほとんどは、西洋近代文明諸国によって多くが植民地化され、その後遺症とも言える政治的混乱、経済的な低迷からなかなか脱出できないでいる。

この理由は、例えば植民地時代の宗主国の悪政にとどめることも可能であるが、さらに根源的な理由を、筆者はイスラム文明と西洋近代文明、就中西洋近代キリスト教文明との軋轢、齟齬が、イスラム圏の近代化、つまり西洋近代キリスト教文明化の阻害要因となっている、と考えている。

例えば、民主主義制度の導入にしても、形式的にはその導入はイスラムの教理に抵触しないのであるが、しかし、民主主義の基本は、民族を単位とする近代国家において生み出された制度であり、その基本にはプロテスタント派の世界観、人間観が基本となっている。しかし、イスラムでは、直接的な血縁意識が共有できる部族が単位であるか、イスラム全体をひとつとするウンマという概念の両極である。故に、民族を単位とする政治空間、つまり近代型の（国民）国家を形成することが難しい。仮に実現しても、部族単位の結合となり、対立、抗争という部族紛争が起きやすく、政治的な混乱が生じやすい（2部2：グローバル化と民主主義の台頭参照）。

一方、経済においても同様で、近代型の経済体制、特に近代資本主義の基本は、プロテスタントの人々が生み出した経済思想とシステムを基本とする（2部5：プロテスタントの救いと経済参照）。特に、その中心に銀行を中心とする金融システムがある。実は、この銀行を中心とするシステムとそれに関係する利子の問題が、『コーラン』の教えに抵触するために、イスラム圏ではなかなか近代型の経済システムに適応できず、結果として経済的に立ち後れていた。つまり、イスラム圏では、キリスト教的な発想によって形成された近代文明への宗教レベルでの不適応が、同地域の政治的、経済的な不安定化、遅滞を招いているのである。しかし、漸くイスラム圏でも、近代文明との齟齬をイスラム法の解釈を駆使して、この問題を解決しつつある。その先陣をインドネシアや

マレーシアが切ったということである。(拙著『宗教の経済思想』光文社新書参照)
　今後、人口の面からもまた政治や経済の面からも、イスラム世界の拡大は一層進むであろう。そのために、イスラムの基本的な理解を持つことが、日本人にも求められている。

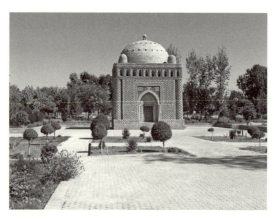

サーマーニー廟（中央アジア　ブハラ）

4 ヒンドゥー教とは何か

　ヒンドゥー教は、その発生以来今日まで連綿として続く宗教であり、人類最古にして最大の民族宗教ということができる。ここで民族宗教というのは、普遍宗教である仏教、キリスト教、イスラム教という開放形の宗教と異なり、特定の地域や民族に限定された宗教、つまり閉鎖形の構造を持った宗教ということである。具体的には、外部からの改宗やそれへの布教を前提としない宗教ということである。身近なところで、これに近いのは、日本の神道である。

　一般に民族宗教は、例えば日本の神道のような地域性と民族性が重なり合って、特定の民族にのみ受け継がれている比較的に小規模な宗教のイメージがあるが、しかし、ヒンドゥー教はその信者数は、最新のデータ（2016）から推測すると、11億人を超えるという非常に大きな民族宗教である（インドの人口が13.24億人、その80％）。さらにその信徒は現代のインド共和国（一般にいうインド）に9割以上が集中し、インド以外ではネパール（歴史的にはインド文化圏内であるが）に約2700万人、スリランカに約260万人、インドネシアのジャワ島（2000年近く前に、インドから伝わった）に約500万人、その他近代以降に欧米やアジアに移民した人々の子孫とわずかではあるが、最近の傾向として、ラーマクリシュナミッション等のヒンドゥー教の新宗教への改宗者がいる。

　以上のように、ヒンドゥー教は、インドに極端に信徒が集中するインドの固有宗教ということができる。ここでインドという場合は、歴史的、文化的なインドという意味であり、現在政治におけるインド共和国、パキスタン・バングラデシュ等の近代国家を意味しない。むしろインド亜大陸全域、つまり歴史的、文化的意味でのインドである。

　ではインドとは何か？ということである。実にインドという呼び名も、自称

ではない。それは日本という国名も実は、中国との関係で形成されたものであり、日本では「豊葦原瑞穂の国」などの美名で自称された。しかし、ある意味で日本が他地域に知れ渡ると、より広域に通用する名称が採用され日本という名称が固定化したように、インドという呼称も一般化する。ところで、インドには、India（インド）と Hindu（インド人、インド人のヒンドゥー教を信じる人）と類似した表記がある。ここで、両者の違いを明らかにしておこう。まず「ヒンドゥー」Hindu の語源は、インダス川を意味する sindhu に対応するペルシャ語である。これは「（ペルシャから見て）インダス川対岸に住む人々」の意味で用いられた言葉で、これがヨーロッパに伝わり、その途中で最初のSがHに変化し、ヒンドゥーとなったと言われる。そして、これがインドに逆輸入され定着した。一方同様にシンドがギリシャを経由して西欧に伝わって、Sが落ちて India（インド）となってこちらも現代のインドの呼び名となった。つまり、どちらも語源は同じで古代ペルシャの言葉が、西洋に伝わり、その言葉が現在のインドの名称になったということである。ちなみに、古代メソポタミアでは、インド（インダス文明の地域）のことをメルッハと呼んだようである。

　一方、中国の表記は「信毒」などとも表記された。後に、インドへ留学した玄奘三蔵（602〜664）により、原音に近い「印度」が定着した。ちなみに、インドの伝統的自称（雅名）として「バーラタ」等がある。

　ところで、インド亜大陸（以下インドと表現する場合は、この領域を前提とし、現代のことを論じる時は、政治的なインドつまり、インド共和国を原則指す）は、その広さが日本の約10倍あり、その歴史もインダス文明以来4500年以上と非常に長大である。

　しかも、この広大な大地には、寒帯から熱帯までの気候帯があり、人種的にもニグロイド（黒人種）からコーカソイド（白人種）まであり、しかも言葉も数百種を超えるとも言われる多様性がある。故に、インドは文化も多様で宗教にも多様なものがあるが、この多様なインドを精神的、文化的に統合、少なくとも社会的な一体性を維持してきたのが、我々がヒンドゥー教と呼ぶ宗教形態である。

これは実に不思議なことである。人種も言葉も、生活スタイルも全くといってよいほど異なる人々が、インド（広義の意味、文化的な意味で用いる）という共通意識を共有できた背景には、このヒンドゥー教独特のカースト制度と、その宗教を支える神聖言語であるサンスクリット語の存在が大きかった。特にヒンドゥー教は時代によって多様に展開するが、サンスクリット語は、完成された言語として古代以来現在に至るまでほとんど変化はない。両者の関係がインド文化の安定を担保してきた、とも言い得よう（中村元『インド思想史』岩波全集参照）。

　ともあれ、ヒンドゥー教はインド社会の根底を支え、その文化を形成してきたもので多様というよりも、雑多（過剰な多様性）な様相、一般には寛容性の現れと理解されている。もっとも、マイナスイメージを込めて「包摂主義の宗教」と呼ぶ学者もある。つまりバラモン至上主義で、様々な要素をほとんど無秩序的に飲み込む構造になっている、統一性がない宗教という意味である。確かに、ヒンドゥー教は、その外面は多様であるが、しかし、その根底には一貫した思想と構造がある。これを理解するには、その形成史を知ることが重要な作業となる。

　とはいえ、本章の目的は現代社会理解のためにヒンドゥー教を理解する、ということであるので、その点は最小限の言及となる。

ヒンドゥー教とその構造

　ヒンドゥー教は、『ヴェーダ』聖典をはじめとして、さらに大部の『プラーナ』聖典と呼ばれる聖典群を基礎に、これらの聖典の注釈などを加え膨大な聖典群を持つ。その中で、特に重要な『ヴェーダ』聖典は、4種類の成立と性質が異なる。すなわち遅くとも紀元前12世紀頃を中心に成立した『リグ・ヴェーダ』（神々への賛歌が中心）を中心に、やや遅れて成立した『サーマ・ヴェーダ』（歌詠中心）、『ヤジル・ヴェーダ』（歌詩の集成）、そしてその成立が紀元前1000～同800年頃と最も新しい『アタルヴァ・ヴェーダ』（呪詩の集成）となっている。

その後、これらの聖典の解説書的存在として、特に重要なものにウパニシャッド（奥義書）文献がある。これは紀元前500年頃を中心に前後数世紀の間に成立した宗教文献であると同時に、極めて重要な哲学・思想文献としても知られている。これらの『ヴェーダ』聖典を中心に成立した宗教を、現在のヒンドゥー教の基礎の部分をなすバラモン教或いは前期ヒンドゥー教と呼び、現在のヒンドゥー教と区別する。

さて、この『ヴェーダ』聖典は、文字化された時代こそ比較的新しいが、最古層の部分は紀元前3000年期の部分を含むとされ、世界最古の聖典と言われている。そして現在でもバラモン階級の人々が、主に口伝で継承している。驚くべきことに古い文字化された『ヴェーダ』聖典と今日の口伝との誤差はない、と言われ、むしろ「文字（活字）化された聖典の方に誤字や脱字がある」とインドのバラモンは述べるくらいである。この『ヴェーダ』聖典の時代を基礎に、現代までのヒンドゥー教の歴史を鳥瞰すると以下のようになる。

ヒンドゥー教の成長

前述の通り、インド土着のヒンドゥー教の歴史は、その形成過程に注目して、ヴェーダの宗教（時代）、バラモン教（時代）、そしてヒンドゥー教時代と3つに区分することがわかりやすいとされる。

つまり、アーリア人に固有な『ヴェーダ』聖典中心の時代の呪術的で遊牧民的な信仰の時代で、この時代はシャーマニズムに共通な招福除災の素朴な宗教段階である。これを「ヴェーダの宗教」の時代と呼ぶ。

次の段階は、『ヴェーダ』聖典を中心としつつ、その周辺に様々なインド的な要素、特に内省的、思索的な要素が加わった時代である。その典型がいわゆる『ウパニシャッド』の文献群である。この時代が、実質的なヒンドゥー教の前身のバラモン教の成立時代ということになる。そして、この担い手は、祭祀を実行する司祭階級であるバラモンと呼ばれる、世襲の宗教エリートである。彼らは『ヴェーダ』聖典を中心に、その解説等膨大な聖典を生み出し、現在の

ヒンドゥー教の体系化に大きく貢献した。これがバラモン教時代である。

　そして、この時代は同時にバラモン教とは異なる宗教、つまり『ヴェーダ』聖典の権威を認めない仏教やジャイナ教などの宗教との競合の時代でもある。

　最後に、第三の時代として、インドに異民族やその宗教が侵入し、土着のヒンドゥー教徒に現代流に言えば民族意識を駆り立てた時代、特に、ヒンドゥー教最大のライバルであるイスラム教の侵攻、定着の時代である。いわばオールインドの宗教として、イスラム教と宗教的に対峙することになった時代であり、これが現在に続くヒンドゥー教時代である。この時代は、それまでライバル関係にあった仏教をバラモン教の中に取り込んだ、いわばオールインドとしてのヒンドゥー教の時代、と言える。その完成は12世紀頃、つまり仏教がヒンドゥー教の中に吸収され、またイスラム教に改宗し、事実上消滅した時代である。そして、この過程で作られた聖典が『プラーナ』と呼ばれるものである。

　以後、イスラム教は、強力な軍事力を背景に、カースト差別に苦しむインド人の受け入れ先となって急拡大し、一方ヒンドゥー教は、インド固有の宗教を取り込みつつ今日に至る。両者は1000年以上にわたり、長い緊張関係にある。その間、両者は時に争い、時に歩み寄り多様な関係性を保ちつつ、複雑な文化を形成してきた。さらに、近代以降はこれに加え西洋からキリスト教及びその文明の伝播が、ヒンドゥー教の変貌に大きな影響を与えている。

　ともあれヒンドゥー教の聖典は膨大であるが、基本的に神を讃え福を授かり、災いを祓うことを主眼とし、この点は、その成立以来数千年間一貫している。つまり、ヒンドゥー教の聖典は、人間の招福除災のために神を操作しようとする呪術的な傾向の強い内容となっているのである。勿論、その中で多様な思索が繰り返され、『ウパニシャッド』文献のような哲学的なものも多数含まれている。

　このようにヒンドゥー教の聖典は、神の命令、神との契約の書（証文）という位置づけのセム的宗教の聖典観とは、大きく異なる性質を持つ。これは、悟りという宗教的な目標への到達法を示す仏教の聖典とも異なるものである。このヒンドゥー教の性質は、神道との共通点を強く持つと指摘する学者もいる。

ヒンドゥー教とその文化・社会

　一般にインド人は、ヒンドゥー教のことを「ヒンドゥー教はインド人の生活そのものである」という説明をする。確かに、ヒンドゥー教徒の生活の中には、かつての日本人にも見られたように、生活の中に宗教性が溢れている。故に、インド社会を理解するためには、ヒンドゥー教の文化理解は不可欠である。

　このインド社会を支える宗教であるヒンドゥー教は、多神教でしかもカースト制度と呼ばれる、細分化された極めて厳しい階級区分を形成している宗教であると認識されている。実は、両者は密接に関係しており、この宗教性と社会背景が密接不可分となっているのがインド社会であり、ヒンドゥー教社会の特徴である。

　実際ヒンドゥー教の寺院に行くと、多くの神像が溢れんばかりに祭られて、その多様性に驚かされるが、しかし、これらの神々は決して無秩序にあるわけではなく、それぞれに由来や位置づけ、上下関係が定まっており、しかもこれを信仰する人々の階級さえ決められていることも少なくない。実はこの多様なヒンドゥー教の宗教構造こそ、厳格な社会差別いわゆるカースト制度の階級制度を正当化するものでもある。というのも、この神々の多様性はヒンドゥー教

インド的な神仏集合
（ヒンドゥー、キリスト、シク、イスラム、仏教のシンボルが飾られている聖樹木）

が持つ社会構造と密接に関わり、特に、浄・不浄観に基づく社会的な職業区別と深く関係しており、いわば現実社会の投影でもある。

　故に、近代においてイギリスの支配、さらには近代法を取り入れて、基本的人権の制度や思想を取り入れながら、現実にはカースト差別があまり緩和されないのは、この制度が宗教の領域と密接に重なるからである。ただし、現在ではそれぞれの階級が同じ地平で細分化して、ますます複雑になっている。このカースト制度を専門的には、カースト・バルナ制、あるいはジャーティ・バルナ制と呼ぶのである。そして、このジャーティ・バルナ制があるからこそ、ヒンドゥー教がある、また逆も真なりとまで言われるのである。

　このカースト制度がある故に、そしてそれが宗教制に立脚しているが故に、社会的に根深い差別を生み、そのためにこれを否定する仏教が大きな勢力を持った、ということは、インドのあらゆる領域を理解するために、重要である。また、この制度がある故に、またこの制度を正当化するために、ヒンドゥー教があるとさえ言えるのである。そして、それは現在でも同様である。

ヒンドゥー教と教理

　多神教と言われるヒンドゥー教であるが、実はヒンドゥー教はただ神が多数存在するというような単純な宗教ではない。というのも、ヒンドゥー教の神々の体系は、極めて一神教的な部分、というより真に一神教的な構造を持っているからである。

　実は一神教と多神教との分類は、それほど単純ではないのである。つまり、一神教を自称するアブラハムの宗教は、実は多数の神を想定し、その中でただひとつの神を信仰させ、他の神々を排除するという排他的な構造を持つ一神教である。

　一方、ヒンドゥー教では、神々は、一見多様に見えるが、その実それは真の神の姿ではなく、ただひとつの神（原理）の仮の姿、現し身の姿（アバターラ、化身、権現）に過ぎないという発想である。つまり、ヒンドゥー教の構造は重

4　ヒンドゥー教とは何か　*67*

層的であり、アブラハムの宗教は、単層的であるということになる。いかにも思弁的な発想であるが、これを筆者は一神多現のヒンドゥー教と表現している。それに対してアブラハムの宗教は、多神一選（あるいは排他的一神）の宗教と表現したい。また多神教として分類される日本の神道は、この表現に沿っていうならば多神多現であり、統一性には乏しい。後に世に天照大神を頂点とするパンティオンを作ろうとして、国家神道を考案したが結果的に失敗したのはその特性を理解していなかったからである。しかし、神道のような民族宗教は、地域性つまり自然環境や民族的な限定によって強く維持されているので、その連続性は強い。

　ともあれヒンドゥー教は多神教と分類されるが、最終的には３神（ティーンムルティ。ブラフマー、ヴィシュヌ、シヴァの各神）がそれぞれ創造、維持、破壊・再生を担当する神と言われるが、その実これらの３つの神はすべてブラフマー（根本原理）に収斂する、と哲学的には考えられる。これこそが究極的な一神教、あるいは一元（神）多現の宗教である。

　そして、この思想を自然に展開すれば、すべての人間、動物などの存在は、神の顕現となり、他宗教はすべて、ヒンドゥー教の一展開ということになる。ここにヒンドゥー教の多様性、寛容という思想が生まれるのである。ヒンドゥー教が寛容な宗教と言われる所以はここにある。そして、歴史的に同教は他宗教の要素を取り入れてきた。それの典型が化身（avatāra）の思想であり、また神々の婚姻関係、親子関係という形での系統図的把握である。もっとも、その融合のしかたは異質なるものを下位の層に取り入れる形で、結果的にカースト制度が示すように上下関係に厳密な不平等構造になることもある。

　ただし、他の宗教からその存在を圧迫されれば、やはり防衛的な武力行使は排除していない。その点が、ジャイナ教や仏教と異なる点である。いわゆる現代のヒンドゥー・ナショナリズムを生み出す原点である。

現代政治とヒンドゥー教

　現在のインド、つまりインド共和国は、ヒンドゥー教徒が多数派であり、ヒンドゥー教の固有の土地であるという意味で、ナショナリズムと結びつきやすい。というよりヒンドゥー教はナショナリズムを支える基礎である。つまり、ヒンドゥー・ナショナリズムは、インドにあっては自然なことである、ということである。

　勿論、それが自国愛、自宗教愛、自文化愛にとどまっていれば、社会的、また国際的に大きな問題は生じない。しかし、それが政治運動と結びつくと深刻な問題を生じかねない。というのも、インドのように複雑な社会構成を持つ国にとって、ヒンドゥー・ナショナリズムの台頭は、すなわち他宗教への圧迫に結びつきやすいか、少なくとも他者に圧力を感じさせることとなり、深刻な宗教対立を引き起こす要因になりかねない。

　特に、現在のパキスタン、バングラデシュとインドは、大英帝国の崩壊を期に、統一的な独立を説くマハトマ・ガンディー（1869〜1948）に対して、宗教分離独立派、つまりイスラム教徒の国、ヒンドゥー教徒の国家と、宗教別に国を作るべきという主張によって分離独立した経緯がある。

　しかし、インドは1996年までは、ガンディー、ネル（1889〜1964）の意思を継ぐ国民会議派が中心に、ヒンドゥー・ナショナリズムを押さえて、リベラルな政党政治を行った。これがリベラルな国民会議派である。この政党はエリート集団であり、長期の経済停滞や政治的な政治腐敗を引き起こした。加えて1979年のイラン革命、1984年一部シク教による独立運動（パンジャブ動乱）、そして独立以来の社会主義政策もソ連邦の崩壊により、その正統性を失った。

　政治的理想の喪失と経済的長期低迷が重なり多くのインド人は、そのよりどころを素朴に、ヒンドゥー教に求めた。これがヒンドゥー教と国家主義、つまり政治と宗教が結びついているヒンドゥー民族主義政党のBJP政権である。

　これは現モディー政権の母体である。ヒンドゥー至上主義を唱えるBJP（バーラタ・ジャナタ・パーティー：インド人民党）は、伝統的なインドの精神文化

4　ヒンドゥー教とは何か　*69*

を国是とすることをめざす政党である。この政党の起源は古く、西インドでイスラム教徒のムガル王朝からの独立をこころみたシバー・ジー（1627～1680）に由来する。この反イスラムを旗印として、多様なヒンドゥー教徒を統合しようとした民族、宗教運動がヒンドゥー至上主義運動（RSS：民族義勇団（Rashtriya Swayamsevak Sangh））であり、これを基盤とした政党が、BJPである。

　しかし、この運動は分離独立1980年代までは、大きな運動とはならなかった。ところが、1979年のイラン革命、それに触発された1984年のシク教独立運動（パンジャブ動乱と政府は呼ぶ）などの宗教と政治が融合した事件が、多数派のヒンドゥー教徒に宗教的な自立を促し、意識させた。この状態を宗教民族主義と呼ぶ専門家もいる。インドに限って言えば、それまで近代型の政俗分離型の政治体制を運営してきた国民会議を支持してきたインド国民は、1980年以降1990年代の経済的な低迷もあり、急激にヒンドゥー民族主義を支持することとなる。それには、世界的なレベルでイスラム教の復興という動きがあったことは否定できないであろう。

　いずれにしても、1979年以来のアフガン戦争の勝利により、ソ連邦の解体を期にイスラム教徒が自らの力に目覚めたように、ヒンドゥー教徒もヒンドゥー教徒の国家の建設に目覚めていったのである。特に、隣国パキスタンの台頭に、ヒンドゥー教徒は危機感を持ったのである。

　それまで地方の政党に過ぎなかったBJPは、1998年政権を手中にし、今に至っているが、その背景にはヒンドゥー教の国土の危機を救えというスローガンが強調された。つまり、ヒンドゥー教徒によるヒンドゥー教徒のための、ヒンドゥー教国家の建設こそが、低迷するインドを再び強国に蘇らせる道である、という考えである。この理想の実現をめざして、インドをヒンドゥー教国家として強国に復帰させようとする目標を掲げて、BJPのモディー政権は、驚異的な経済発展や国内改革、特に高額紙幣の廃止というような大胆な政策を実行している。

　現在インドは、年率約7％強の成長率を維持しており、今や中国に次ぐ世界の注目を引く新興経済発展国である。その過程で、過激ヒンドゥー至上主義的

70　第1部　宗教とは何か

な視点は、徐々に収まりつつある。現在インドは多くの問題を抱えながらも、ヒンドゥー教本来の多様性を認める方向に、徐々に沈静化している。これもヒンドゥー教の持つ多様性の復活として歓迎されるものであろう。

ヒンドゥー教以外の宗教

インドの宗教は、その発生源によって、インド発の宗教と外来宗教に大別できる。まず、インド発の宗教では、ヒンドゥー教を筆頭に、今はほとんど消滅し、1956年10月に新たに新仏教として復活した仏教、仏教と兄弟的存在であるが、仏教以上に厳密な苦行主義を徹底して今日でも少数ながらインド（共和国）内において特に経済界において大きな力も持つジャイナ教、そして、イスラム教の影響を受け、ヒンドゥー教との融合をめざして独自の宗教へと展開したシク教がある。

一方、外来宗教としては、現在ではほとんどいなくなってしまったが、紀元前以来胡椒貿易に従事してきたユダヤ教徒、また一説には聖人トマスによって紀元50年代頃に伝えられ、その後ポルトガルからカトリック、イギリスなどからプロテスタントと各派が伝わったキリスト教、それに、現在ではほとんどインドに集中する古代ペルシャの宗教であるゾロアスター教（インドではパルシー）が、現代インドの主要宗教である。

シク教は、1469年に現在のパキスタンのラホール近郊に生まれたナーナク（1469～1539）によって始められた最も新しい世界宗教のひとつとして知られる宗教である。現在インドのパンジャーブ州を中心に、インドに2100万人程の信者がおり、その他英国、アメリカ、カナダをはじめ、アフリカなど世界各地に根づき、海外のシク教信徒の数は400万人程と言われている。

このシク教は、現在は髭とターバンの出立ちで、インド人の代表的なイメージともなっているが、その数は前述したように、インド人口の2％前後と少数派であるが、その人口に比して、社会的な活動は旺盛であり、特に軍隊や国際貿易に従事する人々の割合が突出している。例えば、筆者が調査した1980年代

のはじめには、インド軍幹部の2割近くがシク教徒であった。

　しかし、シク教の重要さは、その職業的な偏り以上に、その平和思想、特にヒンドゥー・イスラム融和思想を展開し、一時的にしろインド社会における両教の対立を超える可能性を、単に思想的のみならず社会的にも実現した点にある。

　特に、ナーナクの後継者である第3代の教主であるアマルダス（在位1552〜1574）の存在は、初代グルであるナーナクの思想を、現実社会において実現し、さらにはムガル政府を脅かすまでに強靭な宗教教団に育て上げた、その手腕と思想において、非常に注目すべきものがある。

　シク教に関しては、一般的にはあまり知られていないので、多少説明が必要である。特に、現代インド社会を考える時、1976年頃から始まるパンジャブにおけるシク教徒の独立運動（インド政府は、これをパンジャブ動乱としている）は重要である。

イスラムとの融和から対立そして独立

　シク教は、イスラムによるインド支配、ヒンドゥー教への宗教弾圧の歴史の中で生まれた宗教である。インドの地理的位置が、そしてイスラムの原理主義的な発想が、ヒンドゥー教を常に苦しめてきたことは、インド宗教史における一種の宿命であった。というのも、中央アジアからインドへ異民族が攻め込み、インドを力で統治するという形態は、アーリア人以来恒常化してきた。それは仏教時代も同様であるが、問題はイスラムのような組織的な軍事的侵略と非妥協的な宗教とが合体したインド侵略は、それまで存在しなかったことである。

　つまり、侵略者である中央アジア人たちは、やがてインド社会に溶け込み、結果的にヒンドゥー教や仏教を受け入れることになった。しかし、イスラムは全く異なり、常に厳しい侵略者であり、弾圧者であり続けた。時に、協調する時代もあったが、その時は新たな侵略者によって、その共生関係は打ち砕かれるか、イスラム内部の復古運動により、その関係は潰されたのである。

72　第1部　宗教とは何か

このような動きの中で、シク教はいわばヒンドゥー教とイスラム教とのクッションの役割を社会的にも宗教的にも果たすことになる。

　つまり、ヒンドゥー教とイスラム教の両教の影響を受け、それを融合し、両者の対立を超克しようとした新たな宗教運動であったシク教は、両教の表面的な相違を超越することで、平和的な共生、さらには統合が可能であると教える。なぜなら、この世は唯一の神によって作られたのであり、その神はその名こそ多様であるが、同一であるというヒンドゥー教にもイスラム教にも共通する教えを強調したからである。その結果、ヒンドゥー教徒、イスラム教徒、そしてかろうじて残っていた仏教徒などもこの新しい宗教運動に加わった。

　やがて、大きな教団の形成を見たが、これを恐れたムガル政府によりしばしば弾圧された。その結果、自ら武装し、両者から独立した固有の宗教として、パンジャブにおいて、シク教徒の支配の下で、両教の平和共存関係を構築するまでになった。

　それが19世紀のシク教王国である。特にマハラジャ・ランジート・シン（1780～1839）の存在は重要である。彼はイスラム勢力からパンジャブを奪い、独自のシク教王国を建設したが、イスラムを弾圧することも、シク教を彼らに強制することもなかった。そのために、3宗教はそれぞれに独立した形で、共生関係を維持できた。ところが、イギリス支配を経て、シク教王国は現在のインドとパキスタンに引き裂かれ、多くのシク教徒はインド側に、強制移住させられた。この時、多くのシク教徒は着の身着のままであり、シク教徒に言わせると「インド・パキスタン分離独立によってシク教徒のみが大きな犠牲をはらった」ということになる。なぜなら、「ヒンドゥー教徒はインドを、イスラム教徒はパキスタンと、彼らが多数派の国家を作ることができ、彼らは国家を手に入れたが、シク教徒はすべてを失った」という、認識である。

　この認識は、インドに移住したシク教徒、また世界へ離散したシク教徒（これをシク・ディアスポラと呼ぶ）に共通している。そして、この不満が1976年のシク教徒によるシク国家樹立宣言、これがカリスタン独立宣言となる。以後、その独立運動は、主に国外において展開されたが、カリスマ指導者のビンドラ

4　ヒンドゥー教とは何か　*73*

ン・ワレ（1947〜1984）の出現で、にわかに過激な武力闘争となった。筆者は外国人としてただひとり、この事件をアムリッサルのゴールデンテンプルにおいて直接体験し、その初期の推移を知る者である。それは1984年6月3日の鎮圧行動（いわゆるブルースター・オペレーション）の直前までであるが、筆者の回りには、シク教の指導者ビンドラン・ワレや、インドの鎮圧軍の指導者がおり、筆者は時には生活を共にした（ただし、暴力行為には、当然ながら加担してない）ただひとりの外国人である。しかしこの不幸な独立運動、擾乱は以後10年近く続き多くの命を失うこととなり得るものは少なかった。筆者は宗教紛争の悲惨さ、無益さを直接体験し、その不毛さを痛感した。

　幸い現在は、両者の関係は良好であり、インド社会の発展にシク教徒も大いに貢献している。

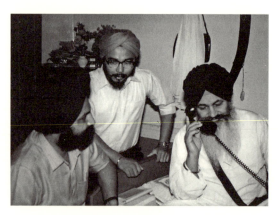

シク教のロンゴランワレ総裁（右）と著者（中央）
（この後暗殺された）

5

仏教とは何か

　現代世界が直面する宗教対立、経済格差、さらには深刻な環境問題など、その解決策も見えない中で苦悩している昨今の状況の中で、仏教の存在には大きな救いの可能性がある。というのも、現在我々が直面する様々な問題の背後には、記述のように西洋近代キリスト教文明やイスラム文明のような、アブラハムの宗教のプロトタイプがあり、その結果、他民族さらには自然環境への限りない拡張（侵略）主義がある。特に、その際限のない欲望の解放を伴う近代資本主義がもたらすものは、確かに物質的な豊かさという側面は肯定できるにしても、その反面で富の強度の集中や、資源の浪費、地球環境の破壊など極めて深刻な問題を引き起こしている。

　このような近代文明が直面する問題の解決、少なくとも改善には、近代文明と異なる文明からの発想が有効であり、それは仏教文明において特に期待できるものである。なぜなら、キリスト教をはじめアブラハムの宗教にない、内面世界の価値に関して深い文化伝統を仏教が構築してきたからであり、この点が西洋近代文明、そしてそれを模範としてきた近代文明を共有する現代人に一番必要とされていることである、と思われるからである。

　特に仏教のように、ある種の自己否定、それは自らの生命のみならず、子孫の存在をも否定するという生物レベルの存在での自己否定という、出家・禁欲主義に明確に現れている。

　つまり、仏教はゴータマ・ブッダの生き方に示されるように、あらゆる欲求を捨象し、自己の内面の完全完結をめざす宗教である。つまり、アブラハムの宗教のような物理的な数の拡大を指向せず、むしろ人・物の消滅、少なくとも非拡大をめざす宗教ということもできるのである。

勿論、この不思議な仏教の主張の意味を考えることは、現在文明が直面する様々な困難の解決に大きな役割を果たすことが可能であると、筆者は考える。なぜなら、仏教の思想は、近代文明の基本とは、全く異なる思想構造をとるからである。勿論それは単なるニヒリズムではない。

仏教の始まり

　仏教は、ヒマラヤ山麓の小国シャーキャ族の王子として生まれたゴータマ・シッダルタ（紀元前463〜同383頃：異説では紀元前565〜同485頃）が、自らの修行を通じて到達した理想的な心身のあり方を、言語化したものを基礎とした知の体系である。つまり、仏教は他の宗教と異なり、神など超越的な存在の力によって、理想的世界（パラダイスなど）へ導かれる（救われる）という構造を持たない自助自得つまり自己完結を基本とする宗教である。

　故に、同じ「宗教」と言われるキリスト教、イスラム教、ユダヤ教（アブラハムの宗教、セム族の宗教）のように、唯一絶対の神により救われるという他者救済の構造を持つ宗教とも、漠然とではあるが神の存在を想定し、その不可思議な力によって招福除災が叶うとする神道や道教、あるいはヒンドゥー教のような民族宗教とも大きく異なる。仏教がかつては「仏道」あるいは「仏法」と言われた理由はここにある。

　つまり、仏教は飽くまで、ゴータマ・シッダルタ・ブッダが、体験的に到達した至高の境地に対して、その到達法を示した教えである。つまり仏教は自己修養によって理想状態に達するための道筋を示したものである。そして、その教えを記録したものが経典である。故に経典は「ブッダとなるためのガイドブック」である。仏教は、信じ、実践して初めて完成する、つまり理想の状態に到達できるという構造となっている。つまり、飽くまでも「自行自得」（自ら行い、自ら獲得する）宗教である。勿論、これは現在流の利己主義というようなレベルの思想ではない。

　この点が、神によって救ってもらう、救いを与えてもらうという構造のキリ

76　第1部　宗教とは何か

スト（唯信型）教とも、また神との契約の実行で、救いが実現するというイスラム（服従型）教とも異なる。仏教は徹頭徹尾、自身で実行し、その結果を自身で受けるという宗教構造である。

これこそがゴータマ・ブッダが到達した仏教の基本である。このような他者の介在を認めない宗教構造は、インドの宗教に独自の形態である。つまり、修行、特に苦行に特殊な力、霊力（験力：マジカルパワー）を認めるというインドの伝統的な宗教構造を基礎としているのである。故に、仏教では言葉以上に、現実生活への厳しい規範、いわゆる戒律が定められている。これが仏教の基本形態であり、現在の上座部仏教（南方仏教）は、その伝統を引いている。

しかし、仏教が普遍宗教として非インド文化圏に進出すると、このような仏教の構造に基本的な変革が不可欠となる。事実、またそうせざるを得なくなった。その結果、生まれたのが他者との関わりの構造を持つ、大乗仏教と呼ばれる改革派仏教である。

大乗仏教では、慈悲あるいは回向と呼ばれる独自の要素が、悟りの要素に加わり、それ故に自業自得一辺倒の直線的な悟り構造から、他者の介入（関わり）が不可欠あるいは有益となる自他同得の多元的な悟り構造となる。その構造から他者救済という新たな仏教の構造が生まれる。

特に、大乗仏教はこの構造の故に、ユーラシア大陸各地に広まった。現在でこそユーラシア東部の東アジア中心に分布するのみであるが、かつては現代の中近東まで広がっていた。また、現在は上座部仏教が優勢な東南アジア地域でも大乗仏教が優勢の時代もあったのである。

最初の普遍宗教としての仏教

ゴータマ・ブッダによって示された理想状態の獲得、つまり悟りへの道筋は、一定の前提が定められているが、すべての人間に開かれた構造を持っていた。つまり悟りという理想の存在を受け入れ（信）これを共有すること、つまり悟りへの希求（戒）を前提に、一定の行（律：日本的には戒律）の実践を通じて、

すべての人が到達できる、少なくともその可能性を持つというのが仏教の基本である。

　そして、宗教が提示する理想状態は、多少の前提はあるものの、すべての人に開放されているとする。この宗教構造は、仏教が事実上最初の宗教であり、その故に仏教は、同じく普遍宗教と言われるキリスト教やイスラム教に先んじて、最初の普遍宗教、あるいは世界宗教と言われるのである。しかも仏教は、キリスト教やイスラム教のように、他の宗教を排除して広がるという排他性をとらず、既存の宗教と共存共栄することで、互恵的な関係を維持しつつ世界に広がっていった、という特徴を持つ。これは仏教の最大の特徴であり、他の普遍・世界宗教と大きく異なる点である。では、なぜ仏教は排他性を持たずに、既存の宗教世界に広がることができたのか？　その理由は、仏教の宗教構造にある。この点を明確に表しているのが、ブッダの悟り体験にある。

宗教融合原理としての梵天勧請

　ブッダの悟り体験は、最も古い経典群である「阿含経典」に収録されている。その表現は多様であるが、ほぼ統一されている部分に「梵天勧請（Brahma-āyācana）」がある。このテーマは、ブッダが悟りの後に、その体験を言語化し、他者に広めることを躊躇していた時に、その必要性をヒンドゥー教の主宰神（最高神）である梵天が、それを懇請するという筋書きである。

　仏教説話などでもよく知られた物語であるが、従来はブッダの権威を強化するための一種の装飾的な物語とみなされて、あまり注目されなかった。しかし仏教と異宗教との共存共栄の実現という視点で見た時、この梵天勧請の意義は非常に大きい。

　ブッダは、梵天の依頼を受け入れて、それまで自己陶酔的に悟りの境地に浸っていた状態から、一歩進んで自らの体験を客観化し、他者に語るという新たな段階に進むことができたのである。あるいは決意したのである。つまり、仏教という宗教が生まれるためには、ゴータマ・ブッダの悟り体験だけでは不十

分で、既存の宗教の働きかけ、誘い、懇願が不可欠であった、という構造である。

この構造の特徴は、同様の他の普遍宗教と比較すると明確である。彼らはすべて最初から完全無欠な神の預言（委託）を受けた一種のメッセンジャーであり、その思想に他者の介在の余地はない。否むしろ、それを否定したところに、彼らの正統性がある。ところが仏教では、他者の協力があるからこそ、仏教が成立するという構造になっている。この点が仏教の融和思想、平和思想の根源である。

大乗仏教と梵天勧請

仏教は梵天勧請の構造がある故には、他地域に容易に伝播し、しかも溶け込めることができた。つまり、インドでは梵天であったが、これが中央アジア・中国・日本、東南アジアと伝播し、それぞれの地域神とのいわゆる「神仏習合」関係を形成し、共存共栄してゆくことを可能にして行くのである。

仏教は他の宗教を自らの宗教教理体系の中に積極的に取り入れることで、他者との共生関係を築いてゆくという宗教構造を最初から持っていた、ということである。

仏教はインド社会では、ヒンドゥー教を取り込みつつ、相互に影響を与え合いながら共存共栄の道を歩んだ。その結果、仏教は初期のブッダの教えから見ると大きく変容しつつも、やはり仏教という宗教の独自性を保つことが、少なくともイスラムの本格的インド定着（12〜13世紀頃）まで続いた。さらに、インド以外の地域でもやはり梵天

タイにおける神仏習合
梵天神を拝む女性

勧請の共存原理は、適応されたと思われる。つまり、ヒンドゥー教というインド的な文化のない地域でも、当該地域の宗教との共生、さらには共栄が、梵天勧請理論によって可能となったのである。つまり、梵天に当たる神を、当該地域の神々に振り向ければ、仏教は既存の宗教と争うことなく共存共栄できたのである。

　この点は大乗仏教の成立とも深く関わるとともに、また消滅とも共通する理論と思われるので、ここでも簡単に触れておこう。

　従来の大乗仏教の成立論は、仏教学の権威である故平川彰博士の仏塔に奉仕する菩薩（アマチュアな宗教家、世俗の宗教家）起源論に代表されるような、仏教教団内部からの探求が主であった。一方、中村元博士のようなインドとギリシャの文明交流の中から生まれた、という教団外要因を加味したいわば文明融合説がある。

　どちらの説が正しいのか、ということは専門家の議論に委ねるが、筆者は異質な文明や宗教との関係を上手く造り、自己変容しつつ勢力を拡大してきた仏教のあり方が、我々が大乗仏教と呼ぶ新しい宗教の形を生んだと考えている。なぜなら、大乗仏教の思想的新視点の多くは、インド以外の宗教やその文明を仏教という大枠で取り込んでできた、いわば非インド起源のものである。しかし、その非インド起源の要素をインド発の仏教は上手く取り入れ、総合して新しい形の仏教を生み出したのである。それが大乗仏教である。

　つまり、大乗仏教（実はその後の密教も同様であろうが）は、文明融合の結果として生まれた新仏教だ、ということである。そして、それを主唱したのが、仏塔の管理者などの在家の菩薩たちであったのであろう、ということである。なぜなら、新しい宗教運動は、既存のエリート集団から生まれることはまれで、大方は民間の宗教家や、正統を外れた非エリートとなった宗教家から生まれるからである。

　ちなみに、大乗仏教運動は、キリスト教における世俗革命であるプロテスタント運動の先駆的なものと、筆者は理解している。なぜなら両者の宗教的な立ち位置や理論構造に多くの類似点があるからである。また、両者は既存宗教教

団の改革派運動である、という共通点が大きいことも事実である（1部2：原理主義としての宗教改革参照）。

仏教独自の宗教形態

　以上のようにゴータマ・ブッダの思想は、ある意味で他者を前提として成り立つ宗教であったということができる。それ故に、協調性ある宗教となる一方で、その言説は他者に合わせて異なることとなり（対機説法）、教理の一貫性に矛盾が生じやすい。勿論、仏教がめざす到達点、目標は一定である。しかし、その表現や、そこに至る道は多様である、というスタンスである。そうなると言語表現そのものには、あまり重要性はなく、むしろその内容にこそ意義がある、ということになる。これが、アブラハムの宗教のような啓典宗教と大きく異なる点である。つまり、言葉（言語、文字表現）を神の命令として絶対視し、一言一句変えることを許さない契約書としての『聖書』や『コーラン』と異なり、仏教の聖典は、悟りへのガイドブック的性格であり、その量も膨大であり、また翻訳も自由である。

　また仏教では、沢山の経典が、ゴータマ・ブッダ以外のブッダによっても創出され、聖典として共有されてきた。

　いずれにしても、ゴータマ・ブッダは80歳という長寿を全うし、多くの弟子を育て、教団を確立し、また平和裏に布教を推進した。そのために、仏教は成立当時から急速にインド全土に拡大して行ったのである。

仏教の世界への拡大

　ゴータマ・ブッダの教えは、当時としては画期的なものであった。特に、正統派宗教であるバラモン教（後のヒンドゥー教）の教えに反する点が多々あった。というのも、仏教は、当時急速に発展した都市社会が求める平等思想（反カースト思想）や経済活動の積極的な肯定など、村落共同体を前提とするバラモン

5　仏教とは何か　*81*

教の教えに真っ向から対抗する勢力である、都市住民に受け入れられたからである。事実、ブッダの最初の帰依者は、2人の商人であったと経典は伝える。しかも、社会的な新興勢力であった都市住民を支配する新しい政治形態にも有利であった。よく知られるアショーカ王（在位紀元前268〜同232）は、仏教の保護者として有名であるが、彼は全インドを支配することの正統性を普遍的な思想を持つ仏教に求めたのである。

なぜなら、地域密着型のバラモン教では、全インドを支配する国家イデオロギーにはなりにくいからである。さらに言えば、彼が恐らく混血であり、バラモン教から迫害された存在であったということも、その大きな要因であった、と言われている。

いずれにしても、アショーカ王の帰依以降、仏教は国教としてアショーカ王の帝国を支えたが、そこには仏教の理想としての不戦国家（武器を鋳なおして農具とする。軍隊を最小限とする）、平等国家（カースト制度の否定）、福祉国家（救貧施設、病院などの建設）が実現したのである。ただし、この帝国はあまりに理想主義を早急に推し進めたが故に、短期に滅亡した。しかし、アショーカ王の実践した政策は、以後仏教国の理想として、広く共有された。その影響は日本にも及び、日本の平和社会の実現に大きく貢献した。

しかし、このような国家による仏教支援は、仏教教団内の不和を生み、結果として仏教教団の分裂などを引き起こした。また教義の混乱を招き、アショーカ王は教義の整理のために仏典の結集（編纂活動）を行った（第三次仏典結集）。

しかし、教団の分裂は防ぐことはできなかった。とはいえ、仏教の宗派はセム族の宗教とは異なり、政治との一体性は乏しいので、それが政治的な対立に結びつくことはほとんどなかった。例外として、スリランカにおいて王権の継承に、大乗と小乗の相違が利用された時代はあったが、非常にまれである。

では仏教を受け入れた集団はどのような人々であったのだろうか？ しばしば触れたように、改宗は日常生活におけるよりよい境遇を獲得するための手段とし選択されるのである。勿論、「信仰か死か」というような強制は論外である。その時に、宗教的な救済の優劣も重要であるが、やはり社会的な地位、経済的

な富の獲得、文化（精神性を含む）的な優越性獲得など総合的見地での社会的向上ということは重要である。

　具体的にインド仏教を受け入れたのは、都市住民であり、商人であったことはすでに述べた。そのほかにインドならではの階級格差の超越という特殊な事情がある。例えばアショーカ王のようなインド人と異邦人（ギリシャ人が母親だとされる）との子供であると、ヒンドゥー教世界では基本的にアウトカーストとなる。

　また、紀元前3〜2世紀に西北インドを支配したギリシャ人たちは、ヒンドゥー教に受け入れられることは難しく、仏教のようなカースト制度を否定して、普遍的な思想を持つ宗教を選択した。その後、インドに侵攻した中央アジアからのクシャン人、さらにエフタル、ジャット族なども仏教に帰依したとも言われる。

　仏教は彼らを受け入れる度に、その教理を柔軟に変更、拡大していったのである。その最大の動きが、我々が大乗仏教と呼ぶ、新しい仏教運動、いわば仏教の改革派とも呼べる動きである。

ブッダ原理主義としての大乗仏教の出現

　ゴータマ・ブッダの多様性の尊重という方針は、一方で宗教勢力拡大という意味では有利であったが、その一方で思想や教団の統一、という点ではマイナスに働くこととなる。つまり、多様な言説を認めるが故に、その解釈も多様となり、如何に最終目標は共有されているとはいえ、異なる言説、解釈によって幾つもの流派を生むこととなる。仏教教団は、このために保守（上座部）派と革新（大衆部）派という根本分裂（釈尊滅後100年ほど？）を経て、実に多様な宗派に分裂する。勿論、他の宗教でも教団が拡大するにつけ、多様な形態・思想が生まれ、それぞれ独自性を主張する故に、教団の分裂、教派の出現を見ることは自然のことである。仏教でも、根本分裂の後さらに多くの分裂（枝葉分裂）が行われたが、最大の分裂は、大乗仏教の出現である。

5　仏教とは何か　*83*

いわゆる大乗仏教は、前述の分裂とは根本的に異なるものであった。というのも、大乗仏教以前の分裂は、基本的に伝統の範囲における解釈の違いによって生まれたが、大乗仏教はこの伝統仏教の思想的な積み重ねを否定するものであった。そのために、経典さえも自前のものを作り、また悟りの構造もその獲得の方法、そして教団の構造さえも大きく変えるものであり、インド的な仏教の地域性を否定、あるいはそこから離脱し、脱地域（インド）性に主眼が置かれた。この点は、ゴータマ・ブッダがめざした思想の一層の純化という側面があったことは事実である。つまり、大乗仏教はブッダの原点・理想に帰るということを主張した原点回帰主義、原理主義であったということである。ただし、仏教の原理主義はセム族のものと異なり、原点に返ると一層非暴力、脱世俗、平等主義、禁欲主義となる点は、誤解の無いようにすべきである。

　つまり、それまでの聖典であるいわゆるブッダの言葉に通じる「上座部経典」に代わり、「大乗経典」と呼ばれる独自の経典を創出した。この経典は、言葉としてもインドの俗語に近いパーリ語を用いた仏教の伝統から、あえてインドの聖典の言葉であるサンスクリット語で書かれている。各要素で脱インド文化を図りながら、言葉としては正統インドの宗教言語を採用した点は、おそらく当時の正統仏教集団である上座部系の集団への意思表示、より正統に近いという優越性の主張であったのではないだろうか。

インド的要素からの離脱と大乗仏教

　いずれにしても、大乗仏教の主張は、インド文化を基礎としていた伝統仏教からインド的な要素を修正、あるいはそれを抜き出させることで、他の要素との融和をより容易に行うことを可能とした。特に、インド的な宗教の原則である聖俗分離（僧と一般信徒の峻別）、厳しい修行（戒律重視）それに関連しての悟りの構造の改変は、大きな改革であった。何故このような大きな改変を行わねばならなかったのか？またそれを行いつつも仏教の正統を主張できたのか？この思想の変化を十分説明する理論の構築が、宗教学から見た仏教研究の今後

84　第1部　宗教とは何か

の課題である。

　つまり、伝統仏教では、あくまでも悟りは修行の成果であり、修行の実践を行うことで得られるものであった。故に、人々は出家し、修行に打ち込むことが求められた。それを支えているのは、インド的な輪廻思想である。インドでは人間は、永遠の生命のサイクルがあり、生死を永遠に繰り返すと考える。その過程で、修行をすることでこのサイクルから抜ける、解脱することが、いわゆる悟りということになる。そして、これが永遠に繰り返される故に、輪廻思想ではこの世で悟れなくとも次の世があるため一向にかまわないのである。

　しかし、インド的な輪廻観を持たない非インド文化圏の人々には、伝統仏教の悟りの構造は理解できない。悟りのための修行に専念できる僧侶のみが悟りを得られるという構造は、理解できないことになる。そこで、大乗仏教では、すべての信者が、輪廻思想的な循環を持たなくとも、救われる構造が必要となる。そのために、菩薩思想と呼ばれる半聖半俗の在家修行者こそ悟りの主体者である、という主張を展開する。それは丁度、宗教エリートが救いを独占して煩瑣な教理体系で、民衆と大きな溝を形成した中世のカトリック教会への抗議として生まれたプロテスタント運動に相似的な現象である。勿論、仏教のほうが1500年ほど前にこの運動を行ったということであるが。

　故に、大乗仏教では、伝統仏教がめざす自己の悟りの優先行（戒律の厳守実行）以上に、他者の救いへの関わり（慈悲）が重視される。また行よりも信が優先され、そのために実践的な伝統仏教とは異なり、思想主義的、思弁的な言説が尊ばれた。また異民族や異文化が多様に入り組んだ西北インドや中央アジアで仏教が受け入れられるためには、仏教が多様な宗教を相対化し受け入れるという思想の枠組を作る必要があった。つまり諸宗教の融和ということが求められたのである。そして、その思想の中心に「空」と呼ばれる思想が位置づけられたのも、そのためである。

　この空という思想を最初に説いたものが「般若経典」と呼ばれる経典群であり、その成立は紀元前２世紀頃である。そして、この経典の成立が、現在のパキスタンの西北部ガンダーラ地域と言われている。この地域は、古代以来西洋

との交流が盛んであり、ペルシャ人をはじめアレクサンダー大王（紀元前356〜
同323）のインド侵攻以来、ギリシャ人、ローマ人など異邦人が多く居住し、
独自の国際化された文化が営まれた地域である。

　仏教が、当該地域で一般化する過程で、インドの土着的な部分が、より普遍
的なものに置き換えられる必要があり、その結果が大乗仏教の出現ということ
になったのであろう。

大乗仏教の拡大

　大乗仏教は以上のように、脱インド土着文化という側面と、非インド的要素
の取り込みという二面性を持って進められた。そのために大乗仏教は、伝統仏
教（大乗仏教では、小乗仏教と蔑称する）とは異なる普遍的要素を積極的に取り
込んでいる。その典型が、非インド的な多様な神々への崇拝という要素である。
神々への信仰はインドでも、また仏教でも否定はしなかったが、本来の仏教は
修行による自己救済が原則であり、そこでは神への信仰は中心ではなく、ある
としてもブッダその人への思慕の念による神格化にとどまっていた。

　しかし、大乗仏教では、ブッダを差し置いて、様々な神的な如来、菩薩が信
仰対象として生み出され、盛んに信仰された。つまり、太陽信仰と深い関わり
が推測される毘盧遮那仏や阿弥陀仏を筆頭に、無数とも言える仏・菩薩が創出、
あるいは採用され、救いの主体者として信仰された。

　また、その仏・菩薩を称える経典も多数創作された。ここには、自助努力に
よる悟りというインド的な救済構造と異なる、非インド的な他者救済という新
しい構造が導入されている。このような構造は、西アジアに特徴的な救済型の
神観念がうかがえる。

　この点は、後に仏教とキリスト教の類似が問題となった時、仏教へのキリス
ト教の影響などと西洋の学者が主張する現象である。しかし、キリスト教より
も仏教のほうが古く、共通の背景があるメソポタミア文明から中東、ペルシャ
にかけて広がっていた神観念とヘレニズム文明と仏教が融和して成立したのが、

86　第1部　宗教とは何か

大乗仏教であると考えれば不自然さはない。

　ともあれ多様な文明が融和して成立した大乗仏教は、インド的な伝統である真実は言葉、特に文字によっては表し得ないという堅固な精神伝統を破った。さらに悟りという宗教的な完成は、行の実行によるという基本から、信仰という易行によってそれを置き換えた。その結果、大乗仏教では、多くの経典が文学作品のように文字によって創作（小乗・部派・上座部仏教では、口伝で作られた）されたのみならず、ブッダや如来、菩薩という理想の存在が信仰対象として、彫刻や絵画によって表された。いわゆる崇拝対象としての仏像の出現である。

　これは明らかにペルシャやヘレニズム文化、そしてそれを支えた人々との融合の結果である。それは如何なる文化も受け入れられる、共生構造を構築できる「梵天勧請」的な仏教の融和思想の結果ということである。この傾向は西北インドを支配した遊牧民出身のクシャーン朝（1〜3世紀）のクジュラ・カドフィセス王（在位紀元前25〜60頃）から、その子孫とされるカニシカ王（在位144〜174頃）の時代以後、数世代において活発となった。この時代を経て仏教は、前述の多様な要素を獲得し、国際（普遍）性を身に着け東西地域に平和的に伝播していった。この時、東に伝播した仏教が、中国仏教となり、さらに日本仏教となって定着し、独自に展開していった仏教である。

大乗以後の仏教の展開

　大乗仏教が大きな力を持ったとはいえ仏教の正統派は、いわゆる小乗（部派・上座部）仏教であった。しかし、上座部仏教は伝統を守り、思想的な発展という意味では、極めて保守的であった。一方革新派である大乗仏教は、その形態を時代とともに変化させていった。特に、大乗仏教は、シルクロード貿易に従事する都市型住民と大商人によって支えられていたが、西のローマ帝国、東の中国の王朝の衰退によるシルクロード貿易の衰退とともに、世の勢力を失った。そこで、仏教は新たな信者としてバラモン教徒を取り込むために、仏教のヒン

ドゥー教への接近が図られる。いわゆる第二大乗仏教運動、あるいは中期大乗仏教運動と言われるもので、4世紀頃から盛んとなり、7世紀後半の仏教の密教化までの時期がこれに当たる。この時、いわゆる唯識派と言われる仏教が生まれる。この唯識とはヨーガチャーラー（ユガ行派）と呼ばれ、文字通りインドのヨーガ思想との習合仏教である、と言える。

さらに、7世紀初頭、中東でイスラム教が起こり、世界情勢が一層緊迫化すると、インド社会にもその影響が及び、仏教は一層バラモン教的となり、密教（正確には、金剛乗、後期大乗仏教運動とも言われる）と呼ばれるヒンドゥー教的、あるいは呪術的な要素を多分に取り入れた仏教へと展開してゆく。ただし、密教化したからといってそれまでの上座部仏教、大乗仏教が消えたわけではない。密教はそれらの上に乗る形で、それらを体系化したのである。とはいえ密教化によって仏教とバラモン教は急接近し、やがて仏教の多くはバラモン教に吸収され、現在我々が知るヒンドゥー教が生まれるのである。12世紀以降である。

勿論、仏教の中にはバラモン教に吸収されるよりもイスラム教への改宗を望んだ人々も少なくなかった。イスラム史料『チャチュ・ナーマ』には、仏教からイスラムへの改宗者の記述が多数伝えられている。8世紀初頭のインダス河流域の事例である（拙著『インド仏教はなぜ亡んだのか』参照）。

その後、イスラムの脅威への対抗策としてのヒンドゥー・ナショナリズムとも言える宗教運動、護教運動（バクティ運動）が高まり、仏教徒は社会的、宗教的な冷遇、弾圧を受け、徐々に衰退していった。そこで、仏教徒は前述のようにバラモン教化することになるが、結果的にはその運動は、仏教のインドにおける衰退を加速させた。特に、反カースト、抗バラモン教（ヒンドゥー教）という仏教の立場が、イスラムの侵攻の中で現代流に言えば、ヒンドゥー・ナショナリズムを高揚させ、その結果仏教への憎悪を煽り、仏教の社会的な存在を危うくさせていった。また、仏教からの改宗者は、最下層のアウトカーストとして、受け入れるというような過酷な対応がとられたのである。その結果、仏教徒の中から多くのイスラム教への改宗者が生じたのである。

88　第1部　宗教とは何か

インド仏教の衰亡と梵天勧請理論

　インド仏教の最後は、仏教思想のヒンドゥー教化であり、仏教教団の分裂的消滅である。両者はほぼ軌を一にしているのであるが、しかし、地域によってその時代も、また理由もかなり相違がある。すでに西北インドにおける仏教の衰亡に関しては、拙著『インド仏教はなぜ亡んだのか』（北樹出版）において明らかにした。今回は、その他の地域を含めて簡単にそのメカニズムについて検討する。

　先の著作で、711年のイスラムの侵略者ムハマド・カーセム（693〜716）のインダス河流域の武力支配に対して、仏教教団はいち早くイスラム教を受け入れて、「仏教のお寺で、仏教徒がナマーズ（イスラム礼拝）を行った」というイスラム史料『チャチュ・ナーマ』の記述を受けて、仏教者がイスラムに改宗した、という結論を導いた。確かに、これは歴史的事実である。そして、それ以後、西インドから仏教は消滅し、代わりにイスラム教徒が増えて、当該地域がイスラム圏に編入された、ということを考えれば、この結論は間違ってはいない。

　実は、同様な記述は現在のアフガニスタンの北部のかつてのバルフ地方においても見出せるのである。

　バルフという土地は、中国とインドやペルシャのいわゆるシルクロード貿易の中央アジアにおける中心都市として長く栄え、いわば中央アジアの東西貿易のハブ都市として非常に栄えた土地であった。そして、ここにはマフマホン家という王家があり、その王家がナビハーラ寺という大きな仏教寺院を経営していたのである。この地には7世紀に玄奘三蔵も訪れており、当時仏教世界にその名が広く知れわたっていた。

　ブッダが立教を決意しブッダガヤを出発した際、最初の在家信者になった商人がこの土地の出身者であった、という伝説があるほどである。それ程仏教界に名の知れわたっていたこのマフマホン家が、こともあろうに8世紀の初頭に、いち早くイスラム教に改宗し、その後同家の出身者が、ウマイヤ朝の宰相など要職を務めたことは、イスラム世界では非常に有名なことである。

その他の地域でも、仏教はむしろ他宗教と争うことなく、共生しようと努力し、インドや東アジア、東南アジアではそれが成功した。しかし、中央アジアやイスラムの勢力の強いインド西部、西北部、ベンガルなどでは、仏教はことごとく消滅した。仏教の滅亡には、イスラムに暴力で殲滅させられたという場合と、仏教が自らイスラムを受け入れて、改宗し消滅した事例、さらに言えば、ヒンドゥー教に改宗し、吸収されたという3つの滅びのパターンがある。これらは恐らくすべて正しいのであるが、時代や地域で多少事情は異なる。

しかし、イスラムによる暴力的な破壊による滅亡以外には、共通の理由を見出すことができる。イスラムの史料に現れる仏教の改宗の場面である。というのも、仏教徒は実に簡単にイスラムを受け入れているのである。そして、その結果、仏教は亡んだのであるが、実はここにひとつの疑問が残るのである。つまり、何故仏教徒はいとも簡単にイスラム教へ改宗したのか、ということである。

この点に関しては、他の著作で詳細を論じるが、筆者の推測ではここでも梵天勧請理論により、仏教が異質なる宗教であるイスラムへの親和性を先ず表した、ということであろう。従来の事例では、仏教のこの平和的な思想から、他の宗教も仏教と融合し、両者は共存共栄の道をたどったのである。しかし、排他的なアブラハムの宗教の典型であるイスラム教は、仏教からの歩み寄りを完全に無視する形で、仏教との共生を否定し、かえって仏教を破壊した、ということである。

いずれにしても、仏教の拡大に大きな力を発揮した梵天勧請の理論が、イスラム教では全く逆の結果を生んだということである。ただし、これは教団の存在を論じた場合である。近年の研究では思想的に仏教の影響が、イスラムの中に大きな足跡を残していることが解明されつつある。

現在の仏教

現在インドには、伝統仏教はヒマラヤ山麓のチベット仏教や極少数のベンガ

90 第1部 宗教とは何か

ル仏教が存在するのみである。しかし、1956年にインドの憲法の父とされるアンベードカル博士（1891～1956）による集団改宗により、いわゆる「ネオブディスト」と呼ばれる主に不可触民を中心とする仏教徒が多数生まれた。その数は不明であるが数千万との未確認情報もある。さらに、仏教の合理的な発想と平和思想に共鳴する人々が多数出現している。

　また、世界的にも仏教の瞑想法が多くの共感を得ている。特にアメリカでは「マインドフルネス」運動として、仏教と医学・心理学の融合が大きなうねりとなっている。特に、仏教は現代科学と極めて折り合いのよい宗教として、また世界紛争解決に有効な教義、つまり平和主義の伝統が、特に欧米の知識階級から強く支持されている。現代のアメリカでは、マインドフルネス運動とともに、仏教信者、仏教賛同者は急激に増えている。

中国仏教　皇帝支配下の仏教

　仏教の中国への伝播は、中央アジアのシルクロード貿易との関係で考えられている。その最初の伝播については諸説あるが、有力な説は後漢の明帝（在位57～75）説である。しかし、仏教の思想が本格的に入ってきたのは、やはり経典の翻訳がなされた時代ということになり、それは桓帝（在位146～167）頃とされる。この時代の有名な仏教者は安世高と支婁迦讖であるが、彼らはともに中央アジア出身である。

　彼らは大乗仏教関係者であり、その後の中国への仏教の流れも、シルクロード交易との関わりから、大乗仏教の勢力が強かった。つまり中央アジアのオアシス都市の関係で、中国には主に、大乗仏教が伝えられたのである。しかし、それも極めてランダムであり、経典の一部とか新旧が逆転するなど体系的でなく、その思想的な混乱は、中国仏教を長く当惑させ、また特徴づけた。

　また仏教はインド思想特有の内省的で、かつ壮大な宇宙観を持つ観念的な宗教であるが、この点が現実主義的な中国人には、なかなか理解できなかった。そこで、比較的仏教に近い老子や荘子の思想を介して仏教を理解しようという

5　仏教とは何か　*91*

時代が5世紀頃まで続いた。これが格義仏教と呼ばれる時代である。その後、インドから本格的な仏教僧が多数来訪し、サンスクリット語の経典が正確に翻訳され、インド仏教の正しい理解が始まった。しかし、それでも変則的に伝えられた仏教の多様な教えを体系的に位置づけるということが、中国仏教には不可欠であった。そこで、多様な経典の内容を体系化する試みが天台智顗（538～597）等によって試みられた。これを教相判釈という。

その結果、幾つもの体系化が成立し、それぞれに中心的な経典を持って宗派が生まれた。この宗派は日本にも伝わり奈良時代の南都六宗の原型となる。一方、中国の仏教は、多分に現実主義的な中国人の発想から、独自の発展を遂げてゆく。また、王権が宗教に勝る中国社会とインドにおける宗教の位置づけは正反対であり、仏教はしばしば権力者によって弾圧された。これをまとめて三武一宗の法難と呼ぶ。その思想的な後ろ盾は、中国固有の宗教である儒教や道教による宗教的敵対勢力の権力者への働きかけによるものであった。特に、朱子学は、仏教とその思想的対立が苛烈であった。

彼らは権力者を動かし、暴力的に仏教弾圧を行い、そのために、仏教の教えはしばしば途絶するほどの害を被り、結果として、中国にはいわゆる中国化した仏教である禅宗と中央アジアの影響の強い浄土教の二派が有力となり、浄禅両修の形体は現代まで中国仏教の主流となっている。

また、政府の弾圧を受けにくい形の仏教として、居士（在家の宗教家、つまり生業を持ちつつ、宗教家として活動する）仏教も活発となった。朱子学的、つまり中国ナショナリズム的な発想の強かった明朝の滅亡後、仏教が隆盛したのは異民族である満州民族が支配した清王朝（1644～1912）である。清王朝においては、中国オリジナルな民族宗教・文化の弱体化という政治的な意図もあったとも言われるが、普遍主義をモットーとする仏教、特にチベット密教が国教的な地位を占めた。そのために、中国では、現在でもチベット密教が信仰されている地域も少なくない。また、居士仏教の運動も盛んであり、特に東南アジアでは、新興宗教的な居士仏教が力を持っている。一方で共産主義を国是としている中華人民共和国では、マルクス流の宗教軽視と中国の皇帝絶対主義の伝

統から、宗教制御の政策が行われている。まず、チベット問題は、その典型である。とはいえ、仏教は民間信仰のレベルでは、急速に復活しており、政治的な活動を行わない限り、その宗教活動は許されている（２部９：中華思想と孫悟空参照）。

日本仏教　日本文明の柱としての仏教

　仏教の日本への伝播は538年を公伝とするが、それ以前から朝鮮半島の帰化人たちによって信仰されていた。ともあれ、６世紀の半ばに伝来した仏教は、百済の聖明王による勧誘であり、王から天皇へという為政者による布教であった。この点は、アショーカ王のマウリア王朝の国教であった時代から仏教が持つ特徴でもあった。つまり、インドでは民衆の宗教として始まった仏教であったが、やがて為政者を巻き込んで支配者の宗教に変貌した仏教が、先ず西アジア各地にそして東方の日本にまで伝えられたのである。

　つまり、仏教は権力と一体化した宗教として、日本に導入されたのである。そして、権力者として、また神道の最高神官の天皇で、最初の信者となったのが用明天皇（587年没）であった。用明帝は「仏法（ホトケノミノリ）を信（ウ）け、神道（カミノミチ）を尊びたまう」と『日本書紀』に書かれているように、天皇として最初の仏教の信者である。以来日本においては仏教の最高の保護者は天皇家であった。ここで注目されることは、仏教を最高権力者にして、神道（カミノミチ）の最高主宰者である天皇が、対立しない、矛盾しない、争わないというより受け入れたという事実である。ここに神仏習合という日本の仏教と神道の長い共存共栄関係が築かれる原点がある。そして用明天皇の意志を継ぎ、日本の仏教化を促進したのが、子息の聖徳太子（574〜622）であり、以後の歴代の天皇である。その到達点が東大寺を建立し国家鎮護の仏教を実現させた聖武天皇（701〜756）であり、京都に遷都後東京遷都までの歴代の天皇は、深い仏教信仰を持っておられた。いずれにしても、歴史的に日本の仏教は、国家鎮護の要としての役割を課されてきた。

しかし、仏教は権力者、支配者の宗教としてのみ日本社会において機能したのではない。確かに仏教は、権力者のための宗教という一面を持っていたが、しかし、その基本は民衆の宗教であり、弱者救済の宗教であった。

　その傾向は、浄土信仰によって強調された。特に、念仏（口称念仏）という易行により阿弥陀仏の救済を説く浄土教は、日本仏教の中心となってゆく。

　一方で、中世以来武家社会を中心に禅も力を持った。特に、浄土・禅両仏教は、死者供養（葬儀など）を通じて民衆のうちに浸透していった。これらいわゆる民衆仏教を基層部で支えたのは空海によって本格的に将来された密教である。この密教は中国では定着せず、日本に定着した。

　日本仏教は中国からの幾度かの伝来を通じて多様な宗派に分かれているが、その本質は日本の神道の神々との共存共栄（神仏習合）を可能にした密教の教えであるが、その基本には梵天勧請思想があった。以来神仏習合は、日本文化の中心であった。

　しかし、近世になると中国から儒教学が将来され、徐々に儒教と神道が融合し、中国同様仏教への攻撃を行うようになり、明治初年の廃仏毀釈運動となって、仏教は大きな打撃を受けることになる。

　以来仏教は、その姿を大きく変えることとなるが、伝統仏教諸派の衰退に対して、近代文明と融和した民衆仏教、創価学会、立正佼成会等庶民仏教が大きな力を持つようになった。

■　篤信仏教徒としての天皇

　明治以来天皇家と仏教の関係は、公式には途絶えている。天皇家と仏教との断絶は、近代国家として成立した明治国家が、神道（後に、国家神道、国体神道へと体系化される）国家樹立を標榜し、仏教を排除したことから始まる。しかし、近年の研究では、明治、大正の両天皇の葬儀には、伝統的な仏教的な要素が色濃く反映していたとされる。ともあれ、近代以降の異常な状態を別にすれば、記述のように天皇、皇族は日本最高の仏教の外護者であり、歴史的には、天皇自ら出家、受戒された方々もあったのである。また天皇を退位し出家し、仏道

94　第1部　宗教とは何か

修行に励んだ法皇も周知のように決して少数ではない。

　残念ながら近代以降の歴史研究を中心に、政治、宗教の領域でも、天皇に関して、この点に触れることは一種のタブーがあり、踏み込んだ検討は憚られている印象がある。しかし、インドをはじめ普遍宗教としての仏教が深く根付いた地域では、国王が率先して仏教を信じ、実行し、保護することはむしろ当たり前のことである。この点を積極的に歴史や政治研究において試みようとしないということは、やはり現代においても近代以降のイデオロギーに無意識的に隷属しているのではないだろうか？

■　自己犠牲の徳を実践した天皇

　仏教と天皇、皇族の関係で、注目されるのが、聖徳太子の息子の山背大兄王（？〜643）の事例である。『日本書紀』の記述では、王は皇位継承を争った時に、決起を促す群臣の勧めを断り、自らの欲望の成就のために、民衆を巻き込み戦争を起こすことを嫌い、一族とともに自ら命を絶ったと言われている。仏教の慈悲の精神の体現と言われている。専門家の間には、この『日本書紀』の記述に疑問を呈する方もおられるが、少なくとも同様な事例はほかにも存在する。特に筆者が着目するのは、鎌倉末から室町初期の不運の天皇光厳天皇（1313〜1364）である。

　同天皇は、後醍醐天皇（1288〜1339）によって幾度もの辛酸をなめさせられた天皇であり、後に明治末の南北朝正閏問題において、正式な天皇として排除された天皇である。血統的には現在の天皇家の直接の祖で有るにも拘らずである。

　ともあれ、光厳天皇は、北朝（当時は正式な天皇であった）の初代天皇と認識されている。光厳天皇は、仏教に深く帰依し、その最後は一禅僧として生涯を閉じている。かたや自らの正統性をあくまで主張し、諸皇子はじめ幾多の民衆を犠牲にすることをいとわなかった後醍醐天皇とは、まさに好対照の存在であった。勿論、両天皇とも中世の常識として仏教への帰依は篤かった。しかし、両天皇には大きな差異があった。つまり、光厳天皇は、自らの野心のために、

5　仏教とは何か　*95*

国を分裂させ、争いを引き起こすことを嫌い、自ら出家し、最後は京都から離れた寒村に庵を結び、そこで禅の修行に打ち込み、生涯を全うされた。現在その跡は、常照皇寺として小規模ながら凛とした気品ある寺院となり、その境内には、光厳天皇御陵がある。

　一方後醍醐天皇は、信仰よりもその呪術力によって自らの野心、つまり権力奪取、強化を願うという思考法であり、その思想はむしろ儒教的、就中朱子学的な天皇絶対主義的発想であったと筆者は考える。その結果は、歴史の示す通りである。

　どちらが為政者として徳があるか、好ましいかは立場の問題であろうが、南北朝の動乱という日本史上まれに見る天皇主体の擾乱により、多くの命が失われ、文化的にも多大な損失が生じたことを考えると、筆者は光厳天皇の「自ら身を引くことで、民の苦しみを軽減したい」という言葉に、仏教徒の為政者の典型を見るのである。ただし、仏教精神により身を犠牲にして民や国家の安寧を願った山背大兄王や光厳天皇の存在は、近代以降の評価においては、決して高くない。それは、明治政府が、朱子学的な中国皇帝型の天皇絶対支配構造を構築しようとしたこと、加えてその専制主義的な構造が、近代西洋文明下の支配構造と折り合いがよかった、という2つの理由があると、筆者は考える。

　とはいえ、仏教を捨てた近代以降、日本は1945年の大東亜戦争（第二次世界大戦）の敗戦までに、ほぼ10年ごとに海外との戦争を行ってきた。そして、最後があの悲惨な敗戦である。ここにも、21世紀の日本国家、社会が重視すべき、あるいは復活すべき国是として、仏教という宗教の教えの意味を再考すべき意義が見出せる。

6

儒教という宗教

　儒教は、中国（本書では、現在一般に用いられている用語に従うが、学問的には
シナ・支那というのが正しい、という考えもある。というのも、中国という言葉は、
比較的新しい用例であり、また政治的な意味合いが強いからである。中華民国、中
華人民共和国どちらも中国と略されるからである）固有の宗教であり、その歴史
を貫く文明の根幹であり、単なる宗教にとどまらず、政治思想であり、精神・
文化・社会における規範の原型であった。その意味で中国文明は、儒教文明と
言い換えることも可能であろう。

　それはちょうど西欧における文明がキリスト教を基礎としているという意味
でキリスト教文明と呼び得るのと同様な意味である。

　ところで、儒教とは如何なる宗教であろうか？

儒教とシャーマニズム

　中国固有の宗教、いわゆる民族宗教である儒教の基層部分は、中国というよ
りも、稲作や麦作農耕民族に共有される、天候のコントロールをめざすいわゆ
るシャーマニズムの信仰であろう。例えば、儒教の実質的な祖である孔子（紀
元前551～同479）は、自らを大儒と呼び、それ以前の儒教的要素を小儒と呼び
区別した。この時、孔子が主張したのが、自己修養と優れた人間社会への洞察
を通じて、人間社会の安定に寄与できる実践的知恵の育成に中心を置く、新た
な儒者のあり方であった。ではそれまでの儒者はと言えば、雨乞いのような呪
術的な祭祀や葬儀等に関わり、細々と生活する民間宗教者であった、とされる。
これを小儒と呼び区別したが、儒教の根本はここにある。

97

それは儒という漢字の成り立ちから理解できる。白川静氏の『字統』によれば儒という文字は、「雨乞いをする下級の巫祝。儒はその階梯から起こったものであるから儒という」（同書、404頁）となる。ちなみに儒の親文字（原語）とも言える「需」は、「雨と而徒に従う。而はコントウ（まげなし）巫祝の形で、雨乞いをするものをいう。ゆえに需（モトメル）、需（マツ）の意味がある。」と述べている。つまり、天に訴えかけて降雨を願う巫女のことが儒者の起源ということになる。事実孔子の母もこのようなシャーマンであったとされる。

　特に、沖積世地域の耕地は、降雨なしには穀物栽培は難しい。逆に雨さえあれば豊かな実りが保証される。まさに儒者は共同体の命運を担う役割を荷負っていた、というわけである。そのために、おそらく彼ら・彼女ら（古代中国は男性が多いが、女性のシャーマンも少なくない）には、非日常的な生活（いわゆる苦行や、禁欲）による呪術力の獲得が期待されていたはずである。このようなことは人類史に共通する現象であるが、中国特に中原地域の多くは肥沃ではあるが、乾燥地域であるために、特に雨乞いに関する儀礼やその役割が重視されたと推測できる。このような風習が、同じく稲作文化を形成した、日本においても儒教が、共有されやすい点である。

　しかし、雨乞いは常に必要とはされないので、そこで儒には他の側面があったとされる。白川氏は墨子学派から見た当時の儒学について「富家の喪をあてにする葬儀屋であった。儒家の経典に喪葬儀礼に関するものが多いのも、その所以である。孔子はこのような巫祝の伝統のなかから、普遍的な人間の道を求めた」（同）というわけである。ちなみに、近世以降の日本では儒教は神道と結びつき、葬儀は仏教が担当したために、儒教の中の中心のひとつである葬送儀礼は、暗黙のうちに迴避され一般化しなかった。

　勿論、雨乞いと葬送儀礼とは決して無関係ではない。なぜなら降雨を祈り神と意思を通じ合うことができるシャーマン（巫祝）であればこそ、死者や祖先の魂と交霊し、慰撫鎮魂もできるという思想構造が生まれるからである。しかも、これらの過程で、天や霊魂等に関する思索も生まれることになるし、厳格な儀礼執行のための長い修練等は、人間性の陶冶にもつながる。ここにすでに

後世の儒教の方向性を見出すことができる。

　さらに天に訴えかけ、降雨をもたらすことができるシャーマンは、逆に人間社会の要求を叶えるもの、つまり社会のリーダーとしても機能する。その究極の存在が王となり、さらに皇帝となってゆくのである。つまり治者としてのシャーマン、その延長に権力者、さらに皇帝と修練してゆく構造である。勿論すべてのシャーマンがそのような行為につくわけではないが、彼らが共同体における治者の役割、あるいは治者側に立つ存在、つまり官僚へと展開してゆく自然な流れであろう。そのようなシャーマンの流れから、孔子が出現し儒教が形成されたのである。

　故に、後に国家の安定的な運営を支える官僚制度の確立、維持に儒者が心を砕いたという儒教の伝統も、この流れから生まれ、また理解できるのである。そして、現実社会の安定を文化的に支えるのが、精神の領域、さらには祖霊祭祀などの空間である。特に朱子学は、その基層部分に葬送儀礼との関わりが強く、死者供養の儀礼を非常に重視した。ただし、官僚化した儒教の主流に対して、民間の冠婚葬祭は、道教が担当した。両者はシャーマニズムを起源とする中国宗教の二大潮流で相補的である。

儒教と葬送儀礼

　以上のことから、儒教の宗教としての性格が理解できるであろう。つまり、現実社会の治者、あるいは官僚として政治を担うとともに、降雨の祭祀から冠婚葬祭に関わる儀礼を行い、またその儀礼の意味づけを思想的に構築するという役割である。故に、儒者が冠婚葬祭に関係することは、必然なのである。日本では、この点は意識的に排除されてきたように思われるが、儒教の教えが普及する江戸時代になるとその影響は徐々に庶民にまで浸透する。そして庶民さえも角柱の墓石を建て、祖先崇拝という家庭祭祀を行うようになり、儒教の影響は強くなった。しかし、これを儒教の影響と意識しなかったところに、日本の儒教導入の不完全性、あるいは選択、排除の意識が働いたのである。

いずれにしても、日本の儒教理解は、思想や倫理研究に偏り、その政治的な役割や働きに関しても、また宗教的な儀礼、つまり冠婚葬祭儀礼への儒者側の研究は、ほとんどなされなかったのである。

　故に、日本の儒教は、中国的に言えば葬送儀礼という重要な要素を欠いた、不完全な儒教にとどまっているということである。もっともこの現象は儒教に限らず、仏教という宗教において、最も重要な戒律を軽視した日本仏教にも見られる特徴である。そう考えると、日本仏教における戒律軽視との共通性があり、ここに日本人の外国文化導入における選択の共通性を見出すことができる。つまり、日本人は、外国文化を積極的に導入したが、それは抽象的な領域にとどめ、具体的な生活レベルでは、極力取捨選択し、自文化に合わせてきた、ということである。いずれにしても、近代以降「儒教は宗教にあらず」というような、誤解や主張が生まれる理由は、このような背景があったということである。

孔子と儒教とその学統

　宗教としての儒教は、孔子によって始められた。彼は、周（紀元前1046頃〜同256）末、魯国の儒者（いわゆる民間の祈禱師）の家に生まれた。当時は、周の古い社会秩序が崩壊に瀕していた時代（春秋時代：紀元前770〜同403）であった。彼はそのような社会的危機にあって、社会秩序の再構築を願い、そのキャリアを出発させた。彼は地方の下級官吏から出発し、徐々に復古的な秩序ある国家の建設を如何に行うかに関して心を巡らし、また実際に政治の現場にも立った。しかし、彼の復古的な政治スタイルは、激動の時代を生きる諸王に採用されず、後に弟子教育に専念し、優秀な弟子を輩出し、中国文明の核となる儒教の基礎を築いた。

　つまり、孔子の主張は、周代の礼（制度化された社会システム）の回復を通じて、社会の安定を実現し、それによって人々を幸福、少なくとも安定した社会生活が送れる世の中にする、というものである。これは仏教やキリスト教、イ

スラム教の最終目的が、死後の世界、来世における究極の幸福、つまり、救いを前提とする構造に対して、儒教はこの世の幸福、満足、安定を重視する構造となっていることを示している。というのも、孔子は形而上学的な神や来世の理想社会（パラダイス）のようなものは、敢えて語らなかったのである。

　勿論、死後の世界を否定したわけではない。死後の世界は、キチンと伝統的な儀礼に基づいて祭祀を行うことで十分と考えていたのである。いかにも現実重視の中国人の発想である。この傾向は、中国文明を貫く一貫した潮流である。特に、現実社会の安定のための社会の制度化、後にこれが上下関係に厳しく、組織化・制度化された官僚制度を支えるイデオロギーとなるのであり、この点で儒教が政治的宗教であり、倫理（生活における規範）的な宗教と言われる所以である。さらに言えば、葬送も安定社会の構築に不可欠なのである。

　いずれにしても、孔子は、それまでの上は皇帝をはじめとする権力者のいわば権威の象徴、あるいは権力の象徴としての降雨祭祀に象徴される諸儀礼から、身近な冠婚葬祭に及ぶ旧来の儀礼を捨て、つまり呪術的・宗教的な側面（小儒）を捨てて、現代流にいえば合理的思考や理性によって社会を治めようとした。つまり、孔子は政治と倫理（徳）の実践者としての儒者（大儒）という新しい儒教の方向を切り開いた。歴史的にはこの穴を道教が補い、さらに朱子が再構築した。

　彼は、呪術に頼らない、あるいは天や鬼神というような古代からの信仰に依拠せず、合理的な思考と実践を通じて、秩序ある社会の形成が可能であるとして、その教えを説いて各地を回った（儒教の政治性の側面）。しかし、彼の思想は当時としては十分理解されることはなく、彼は自らの儒教精神の実践には、成功しなかった。つまり、政治家として上手く国を治められなかった。その結果、彼は後進を育てることに専念した（教育者としての側面）。儒教教団は多くの優れた思想家を輩出し、彼らが体制擁護の正統性の根拠を歴代の王朝に与えることで、社会的な安定が構築されるという関係が前漢以来一貫して形成された。

6　儒教という宗教　*101*

儒教の世界観

　では儒教における政治思想とは如何なるものであろうか？　つまり、権力の中心である王権とそれを囲んで両極の関係である、天（神）と人民（被支配者）の関係を如何に考えるか、ということである。歴史を通じて極めて現実主義、実用的な中国人の思想が、そこには歴史のはじめから明確に、現れている。それは、アブラハムの宗教の神観念、インドのそれと比べると極めて顕著である。

　勿論、権力の正統性は超越的な存在である神である天に求めることは、中国といえども同じである。つまり、中国最初の王朝とされる殷代（紀元前16世紀〜同11世紀）には、王権に正統性を与える主宰神の存在が明確化されていた。これを殷の時代は上帝、周（西周前11世紀〜同8世紀）は天と呼んだ。そして、周の天（神）は、上帝（殷の神）を超越する神と考えられた。それは前政権を倒した故の正統性構築の構図である。そして王（皇帝）がこの天と交流する存在として権威づけられる構造は、つまり、祭祀王的伝統は中国に一貫して継承されている。

　特に、周王朝より抽象的な天の観念が生まれ、この天が政権の正統性を与える（天命思想）という思想が確立したようである。これが周王朝の正統性の根拠となった。そして、天命が下る条件として、神の命令を忠実に実現し社会に安定と幸福をもたらす能力がある者として選ばれた者が王となる、という構図である（小島毅『朱子学と陽明学』参照）。

　この関係は、アブラハム族の宗教の預言者の関係に類似する。ただし、中国ではこの天の存在が、アブラハムの宗教のように唯一絶対にして、創造主である神というように強力ではない。むしろ、人（王等支配者）中心に、天と支配者、非支配者とセットで認識される。後にはさらに大きく後退し、天命の下った王によって、その存在が代替される関係になる。

　いわば人（王）の神格化である。これが前漢の時代の儒者董仲舒（紀元前176〜同104）の天人相説と言われる思想である。これは、日本の天皇を現神、或いは現人神とした認識に共通する。しかしこの認識は古代社会にはしばしば見

出せる。

　ただし、王の徳が失われれば、天命は他者に下り王朝は倒れるという易姓の革命思想と、この天人相関説は表裏となっているのである。この点はアブラハムの王権と神の構造に近いものがある。しかし、その天命が有効な場合は、王（皇帝）即天の関係が成り立つ故に最高権力者は、天子と呼ばれる存在となる。

　この構造は、典型的な神権政治であり、すべての権力や権威が皇帝（天）に集中するという究極の一神（元）教的構造になる。この点は、ユダヤ、キリスト、イスラムの預言者に当たり、この世における唯一最高の存在と位置づけられる。しかし、前述のように、中国の天は、アブラハムの神と異なる。そのために、中国では天子（皇帝）に、この世におけるすべての権威、権力が集中する、つまり、これらをすべて天子（皇帝）が支配し、管理するという皇帝一元主義となる。この点が、アブラハムの宗教と似て非なるものである。いずれにしても、中国人は極めて現実主義なので、天と天子が事実上同一視されることになる。

　中国において天子である皇帝は、政治、軍事、世俗世界と宗教というそれぞれ次元の異なる存在のさらに上に位置づけられる。そして、これらを一元的に支配する究極的一元構造の頂点にあるのである。そして、このようなピラミッド型の構造が、儒教の教えによって支えられるのである。つまり儒教は、中国の政権を支えるイデオロギーの役割を荷負って来たのである（2部10：宗教カ

北京の紫宸殿　皇帝の玉座

6　儒教という宗教　*103*

リスマとしての天皇参照）。

儒教の思想的変遷

　孔子以後の儒教を代表する儒者は、性善説を説いた孟子（紀元前372〜同289）と性悪説を説いた荀子（紀元前298〜同238）によって代表される。両者はその人間把握という出発点で好対照を見せるが、しかし結果として社会制度の確立・維持を通じて社会の安定を実現することこそが重要である、という孔子の教えを前提としている。あくまでも、この世にその関心が向けられている点は、一貫しているのである。

　その後、社会が安定する漢の時代に入ると儒教の教えは、体制維持と擁護のために重視され、以後その伝統は官僚制の確立、発展とともに、長く中国の政治や文化の中心をなす。しかし、儒教は、現世レベルの生活思考に範囲がほぼ限定されているため、また為政者の統治術（政策）に主な関心が注がれた。そのために、人間本来が持つ心の領域へのアプローチは弱かった。この点が儒教、さらには中国文化の特徴であった。このいわば中国精神文化の欠落を埋める役割を果たしたのが、インド伝来の仏教であった。周知のように仏教は、現実を仮りの世界と位置づけ、真実の世界は現世の背後にあるとした。しかし、現実的な中国人は、これをより現実的に、死後の世界、つまり来世、あるいは現実世界を終えた領域にあると考えた。

　つまり、インド思想は中国思想の欠を補完した関係にあった。故に、中国で仏教が思想的、宗教的に比較的問題なく受け入れられ、そして大きく成長できた理由はここにある。勿論、儒教は生え抜きの宗教であり、民族宗教であるが故にインド伝来の宗教である仏教の拡大を、心情的に受け入れられず、時に政治権力を利用して大弾圧を行った。しかし、その時にも、根本的な思想対決とはならなかった。なぜなら、この世俗重視の儒教と来世（超越的世界）重視の仏教では、議論の前提が異なるからであり、また抽象的な思弁に関しては、中国思想はインド思想に劣っていたからである。

104　第1部　宗教とは何か

しかし、この傾向は朱子（1130～1200）の出現により大きく変わることとなった。朱子は、仏教を外来宗教として敵視し、その排除を思想レベルから主張する。というのも、朱子は、儒教を学ぶ一方で、禅の思想を学びその思想形成を行った。それによって朱子は、儒教のいわば弱点であった精神世界に、仏教の思想を借用する形で導入し、儒教の形而上学を確立したのである。朱子の理と気の思想は、『華厳経』の理と事という枠組、或いは、真俗二諦説を連想させるものであり、その他仏教の思想と重なる部分が非常に多い。故に、朱子学者が、仏教を排除しようとする傾向があるのは、当然というべきであろう。この傾向は、日本にも受け継がれた。特に朱子学が本格的に導入された近世において、朱子学に傾倒した儒者による廃仏そして、明治初期の廃仏政策へと連らなっていった。

　ともあれ、朱子が提唱した新しい儒教は、これを新儒、あるいは宋学と呼び、新たな儒教の形である。ここで、宋学への仏教の影響が存在したか否かという議論がしばしばなされるが、新儒の学者たちは当然これを否定する。一方仏教寄りの人々は、これを肯定する。しかし、中国における仏教、特に中国化した禅仏教は、インド発の仏教を基にしているが、その言説は中国化しており、両要素が分かちがたく一体化しているのである。

　つまり、禅仏教は儒教や道教の影響を受けて形成されたのであり、その禅仏教から朱子学派が影響を受けたことを問題としても、あまり意味のない議論と言い得るであろう。また、そもそも他者との共生を是とする仏教では、影響はむしろ当然と捉えるので、このような議論はあまり生産的でない。そこに普遍宗教の意味があり、一方儒教のような民族宗教は、この壁を越えることがない。それは朱子学の欠を補おうとして生まれた陽明学にしても同様である。

　最後に、朱子学、陽明学などを含めて儒教は宗教か、否かという議論が日本ではしばしばあるが、本書で示したようにその場合の議論の前提である、「宗教」の定義が曖昧であるためにその結論は多様となる。しかし、宗教が個人から社会全般における行動様式を定める機能を持っている、という意味では儒教は立派な宗教であり、東アジアに強い影響力を持つ中国発の宗教である。

6　儒教という宗教　*105*

ただ、儒教はその一方で中国の国家体制を支える官僚機構のエリートを選別する科挙（日本流にいえば国家公務員上級試験）の科目となっていたために、いわば受験科目としての儒教（この場合は儒学というべきか）の部分があまりにも強調され過ぎたために、宗教的な要素が意識されない傾向がある。しかし、しばしば指摘したように、儒教こそは、中国をまとめ上げる民族の精神的基礎、つまり中国が世界の中心であり、その頂点には天子である皇帝があり、その皇帝が治める国家を健全に機能させることが、すなわち人々を幸福に導く、という前提で、儒者は官僚となりまた祖先祭祀を重視する。この民族主義的な儒教の側面を理解することで、東アジアにおいては普遍宗教的に無条件で受容されている儒教の限界を理解することができる。なお本書では、儒教の存在に特化したために、同じシャーマニズムから出た道教との関係に関して説明が不足している。しかし、儒教も道教も中国シャーマニズムの両側面であり、両者の相違は、表面的には異なるがその基層部は共有されていると著筆は考えている。

7

日本と宗教

　文字という客観的な記録媒体を持たなかった日本においては、自らの社会を時間軸に沿って時系列的に事実認定し理解するという、いわゆる歴史認識の作業は、思想的にも、実際的にも困難を伴う。勿論、近代以降は、大まかな時間軸を設定できる考古学による発掘や西洋史学の影響などで、日本人や日本社会に関して、以前よりは明らかになってきている。しかし、その成果をもってしても、文字を持つ社会と比較した時、その差は歴然としている。

　さて、日本の古代社会を理解する上で、最古の文字資料は中国の史書『漢書地理志』・『魏志倭人伝』等々がその断片的ではあるが、客観的な情報を伝えている。そして、その情報を見る限り、実は日本社会の信仰レベルの状況は、大きく変化していない部分がある、ということも明らかとなっている。つまり、文字史料という客観的な情報は残っていないが、いわゆる伝承として、あるいは文化として、信仰形態は継承された部分も少なくない、ということである。

　実は、日本は統一性のとれた文化（文明）を維持発展させるために、地理的、自然環境的な好条件に見舞われていた。つまり、ユーラシア大陸のダイナミックな民族移動に翻弄されにくかったことで、人種、民族の激しい流入がなく、民族的な安定性、一体性が比較的容易に維持できた。その一方で、大陸の進んだ文明を取捨選択的に受け入れて社会の発展を主体的に主導できた故に、独自の文化文明を、継続性をもって維持発展させられた。しかも、日本の自然は多様であり、豊かであったために文化的継続性を維持しつつ多様性をも両立できた。一方で、文化の決定要因に自然環境が大きな要素を占めていた、という点も特徴がある。

　以上のような特徴を持つ日本の宗教環境も、自ずと地理的条件が大きく作用

することとなる。つまり、人種も、自然も大きく変わらない日本では、人々の暮らしも根本的なところでは、時代を超えた連続性が認められる。

故に、日本の宗教に関しても、文字史料という客観的な記録は乏しいが、その一方で大きな変化を伴わない故に、歴史時代の研究を通じて、古代との連続性を見出すことも可能である、という考え方も有効性を持つ。

そして、いわゆる神道には、日本人の過去の文化の DNA が残っている、ということができることになる。勿論、この考え方を強調し過ぎると、誤った国粋主義に陥る点は、注意を有する。というのも、このように考えるしか客観的な文字史料を持たない我々は、自らの古代における精神性を理解する術を持たない、という致命的な文化的欠陥を持つからである。この前提を無視することは、無制限の自画自賛的な自文化翼賛的な解釈となり、非常に危険である。とはいえ、これらが日本の宗教文化の特徴であることを理解し、以下で仏教を除いた日本の宗教性を検討しよう。

神仏共生以前の宗教と政治

■ 狩猟採集と宗教

仏教伝来以前つまり前文明期の日本では、いわゆるシャーマニズムを基本とする古神道と呼ばれる伝統宗教において、祭政一致、あるいは神聖政治的な共同体祭祀が行われていた。しかし、その実体は現時点では、ほとんどわからない。以下では、考古学から推測された古代の日本社会の紹介である。

古代の祭祀（まつりごとを含む）についての記述は、ほとんど想像の域を出ないが、日本古代史が専門の岡村道雄氏は、千葉市権現原貝塚の生活を復元し、以下のようなストーリーがあったと推定し、そこから当時の鎮魂儀礼の意味について論じている。岡村氏によればこの権現遺跡は、中期末から後期にかけての百数十年維持された遺跡だという。

その葬送に関する部分によると、この遺跡は、出自の異なる2つの小グループが合わさってできた小さな村落であった。この村の構成員は16人で始まった

が、なかなか人口は増えなかったと言う。中には幼くして亡くなった子供の「埋め甕」が幾つか発見されている。この「埋め甕」というのは、子供の再生を願って、家の中、特に母親が坐る囲炉裏の座の下や家の入り口の通路の下に穴を掘り、甕などに入れて埋葬することである。それは、幼くして亡くなった子供が、再び母の胎内に宿るようにとの願いを込めた一種の呪術であった。しかしこの村は、なかなか大きくならなかったようで、途中で「祖先の霊を集落の広場に合祀して集落の絆を深め、祖先に守られて新たな気持ちでこの難局を乗り切ろうと」、祖先の墓を新たに村の中央に合祀した。

　その合祀の仕方は「直径15センチほどの柱を立て、杭のそこに黄色い粘土を半分過ぎの深さまで埋めた。そして穴の周りに四つ叉に立てた細い柱を結び、尖って円錐形になった柱の上部には、簡単な屋根を葺いた。一人分ずつ分けて運んできておいた骨を、柱の間から穴の中に、まず太い手足の骨から時計回りの方向にかさね井桁状に組み上げ、その後それぞれの隅に頭蓋骨を置いた。こうした所作を4回繰り返し、骨を積み上げる儀式を」行った。この時、村人全員が将来の繁栄を祈ったのであった。以後、この「開祖の合祀廟」は、長い間集落の人たちに祀られ、集落の中心的な役割を果たしたのであった。

　ところで、何故この集落が祖先を合祀しようと思いついたかというと、それは村に不幸が続いたからである。そしてその理由として元のリーダーの魂が、現世をさ迷っていて、それが禍をしているからだと考えたらしいのである。この村の苦境を脱するためには、早くさ迷える元リーダーの魂をあの世に送ってやらねばならない。そう考えたと岡村氏は推測している。

　そして、現にまだ死んで1年ほどしか経っていない、つまり白骨化していない元のリーダーの骨だけは、頭蓋骨や主だった手足の骨が、火にくべて焼かれ、この世をさ迷い悪霊となった元リーダーの魂を、速やかに死の世界に送ろうとした、ということである。

　この時、悪霊となったと考えられた元リーダーの骨は、ばらばらにして埋葬され、魂を封じ込め、再生できないようにした。

　この記述は、岡村氏が豊富な調査経験を基に再現した一種のドラマである。

7　日本と宗教　*109*

それ故に何処まで事実を表しているのか、逆に言えば後代の風習が氏の遺跡解釈に紛れ込んでいるかもしれない。しかし、この再現ドラマは、現在の法医学などを駆使しての再現ドラマであるので、信憑性は高いはずである。そうすると、我々は今から4000年ほど前には、すでに後に荒御魂（悪霊）信仰と呼ばれる祟り神信仰の原型があり、またそれを封じ込めようと様々な儀礼が存在したことがわかる。というのも同時代の遺跡からは、屈葬と呼ばれる埋葬墓が日本各地で発見されている。その解釈は色々だが、恐らく死者の魂が遊離しないように、この世に出てきて災いを振りまかないように、体内に封じ込めるために手足を折り曲げたり、時には骨折させてまで折り曲げたのである。さらにご丁寧に腹の上辺りに鎮め石まで置いた例もある。

　ただし残念ながら、細かい儀礼などはほとんどわからない。そして、この後大陸文化を持ち込んだ弥生時代が続き、日本の霊魂観は徐々に形成されることになる。

■　稲作時代と宗教

　前時代同様、稲作（弥生）時代になっても霊魂観などを表す文献はない。最古層の葬送に関する文献は『魏志倭人伝』である。それによると「其の死には棺あるも槨なく、土を封じて塚を作る。はじめ死するや停喪十余日、ときにあたりて、肉を食らわず、喪主哭泣し、他人ついて歌舞飲食す。すでに葬れば家を挙げて水中に詣りて澡浴し、もって練沐の如くす」という光景である。

　これによると喪主や遺族は死者を悼み嘆き悲しむ。まさに慟哭する。そこは死の穢れが充満する空間であり、遺族などの関係者の慟哭などによって「死者の魂」が鎮められるとみなされていたようである。そのために遺族は、泣き続けなければならなかったのである。一方周囲の者は対称的に、飲み食い踊る。

　この2つの一見異なった矛盾する行為の背後にあるもの、それは死の穢れを前提とした日本的な「穢れの思想」にほかならない。つまり、死の穢れに染まっている遺族は、その穢れを自らの周辺に引き止めておくために泣き悲しむ、一方その死の穢れがほかに伝染しないように、あるいは外の空間に出てこない

ように、つまり「ハレ＝生」の空間への防御壁、境界を作るために、活力ある空間を形成するために、身内以外の人々は、飲み食い踊り、バリアーを作る。つまり、死の穢れ、あるいは死者の荒御霊が、生の世界に侵入しないように、這い出してこないように、互いの魂を大騒ぎすることで、防御しようとするのである。これが昨今でも行われる神道のナオライや仏教の齋（トキ）につながっている。これは日本の生と死の境界を明確に表しており、その境界は現在もなお生きている、と筆者は考えている。

　勿論、そこには死者の魂を勇気づけるための再生儀礼の宴であったかもしれない。日本人が編纂した最古の文献と一般には理解されている『古事記』の天照大御神（筆者は、「天照大女神」と表現したほうが適切と考えている）の岩戸隠れにおいては、天宇受賣命が酒を飲み酔っ払って胸をはだけ、陰部（再生の象徴）を晒して踊った（生命エネルギーの注入の類感呪術）ところ、一同が大笑いし、大騒ぎをした（エネルギーの注入、魂振り儀礼）ので、「岩戸隠れ」した天照大御神が再生した（岩戸から顔を出した）ということが書かれている。それなどは、まさに後代の魂鎮めと魂振り、ハレと穢れの再生儀礼の象徴であったであろう。勿論、起源は先に見たように、縄文時代にさかのぼる。

　ただし、この時代には縄文時代のように死者を恐れるだけでなく、死者との積極的な関係を構築しようとする意識も生じてきた。この点は後述するが、生と死、そして再生という素朴な循環世界観の登場である。ここに至り死者を日常世界に取り込む素朴な信仰形態、いわゆる神道の核が形成されたと言えるであろう。もちろんそれは、稲作という画期的な生産技術を持って渡来した大陸系の人々の信仰の存在が大きいことは論を俟たない。勿論、日本古来の信仰との融合現象が重要である。

　勿論、その一方で自然崇拝も盛んであり、その自然の神々（よき恵みを与えてくれると信じられた存在）の中に、いわゆる死者の霊に当たるものも含まれていた。つまり、一定の禊期間の後は、善なる存在になるというような漠然とした思想があったことは事実である。この点が、後の祖先崇拝に連なってゆくことになったのであろう。これが東アジア的なシャーマニズム的宗教伝統、と筆

者が考える中国を中心とする東アジア文明圏に特有な、素朴な神人連続的宗教の特徴である。

■ 稲作文化と穢れと鎮魂

いずれにしてもこのレベルでは、死者の穢れから逃れられる空間の余裕のある時代は良いが、定住して農耕を営むようになると、はなはだ不都合である。なぜなら、払った穢れは、そのまま生活空間に漂い、災禍を招くということになるからである。これが凶癘魂、つまり祟り神思想である。仏教の鎮魂思想が普及する前の日本人は素朴な世界観にあって、生者と死者の交じり合う空間に怯え続けていたようである。この日本の古代思想いわゆる狩猟採集を中心とした原日本文化の縄文文化に対して、大陸由来の稲作文化、つまり稲作のために定住し、家族あるいは近親・縁故者で作る集団的社会が形成された弥生時代の信仰形態も恐らくそう大きくは違っていないであろう。ただ、狩猟採集を基本とする縄文文化以上に、死者およびその霊魂との結びつきが強くなったことは確かである。

つまり、不作であっても移動することでその苦境を乗り越えられない稲作定住農民となった弥生人は、むしろ死者の霊を含む目に見えない存在との直接的な結びつきを強化せざるを得なかった。ここに、現在に通じる日本の宗教意識の基礎がある、と筆者は考えている。勿論、それは東アジア宗教文化圏の特徴のひとつ、あるいは亜流でもある（儒教項目参照）。ちなみに、昨今の考古学では、日本文化の起源を縄文文化に力点を置いて理解する傾向が強い。そして、神道をその後裔とすることで、日本文化の独自性を示そうとしているが、実際日本にある神社の多くは、稲作との関係の深い神々を祭るか、八幡神社のように、もともと仏教との関わりの深い神を祭るなどが大多数で、日本古来、特に縄紋時代の信仰を保っている神社は例外的でしかない。

というのも神前に供える供物を見ればその神々の系譜は明らかである。現在でも神前に狩猟採集時代の供物、すなわち鹿、猪、ウサギなどの獣、鴨などの鳥類、各種の魚など、いわゆる生臭ものと言われる恵みを、感謝の意味で奉納

する神社は、諏訪大社などごく少数である。

　そのほかの神社は、お神酒（米で作る酒）、白米など、稲作以降の恵みを感謝のために奉納する（一種の生贄の残存であるが）。したがって、聖なる領域で血を流すことが忌み嫌われるようになったのであろう。しかし、他の世界では、血は生命力の象徴であり、むしろ神の前で血を流すことはめでたいことであった。勿論、上記の稲作以降の神々の前で、血を流すことが完全に忌避されたわけではないことも事実である。民話などにある人身供養などの話は、この名残ということが言えよう。

　いずれにしても、水田稲作栽培の時代に入ると死者との長い共存の生活が不可欠となり、死者供養は共同体維持に不可欠な儀礼となった。つまり生者と死者との区別を作る必要が日常的に生まれた。そこで、山や海上の島を死者の国、霊魂のとどまるところとした。特に、山は死者の霊の往くところであり、そこで浄められた霊魂が、川を下り麓の村（つまり、自分のもと居た村をイメージ）に再生するというような素朴な循環思想も生まれた。その典型は有名な桃太郎の伝説の冒頭部分にある。ちなみに、桃太郎話自体はインドの「ラーマヤナ」に原型がある、と思われる。

　とはいえ、死の穢れを筆頭に、様々な穢れに悩まされる人々の苦悩の鎮静（鎮め）は、単なる個人の恐怖心を取り去るというような個人的なレベルのものではなく、共同体維持に不可欠な行事、それはマツリゴト（祭り事、政）と呼ばれた。つまり、共同体の平安の維持、政治的安定を得るための不可欠な行為であった。それは招福除災、具体的には無病息災から豊年祈願、社会不安の解消、そして自然災害の回避等などを含んでいた。

　とはいえその効力には、限界があった。そこに、導入されたのが、大陸の高度な文明を伴ってやってきた仏教である。日本人はこの仏教により死の穢れや、死霊（荒魂）から解放されることとなる。

　いずれにしても古代祭祀と社会統治としての政治は一体あるいは表裏の関係であった。この関係は、古代祭祀の古神道（神祇道）時代も、仏教の時代も基本的に変わることはなかった。実は、この構造に変化を与えることなく共生し

たのが仏教という宗教の特徴である。そして、この関係を壊すことになるキリスト教は、結果的に禁制となり江戸時代を通じて信仰が厳禁された。

いずれにしても、仏教特有の既存の宗教との融和思想（梵天勧請）がもとで、日本固有の古神道は、日本社会で維持され明治に至った。しかし、その間、仏教を否定し、朱子学の影響を受け、大きく変容し、さらに近代においては西洋近代文明（西洋近代キリスト教文明）の影響を受け、神仏習合ならぬ神耶習合の近代神道（いわゆる国体神道、あるいは国家神道）が、生まれるのである。

■ 仏教との共存を願った神々

周知のように、外来宗教である仏教と固有（これも実は外来の宗教も含まれていた）の宗教である神道が、対立することなく共存できた理由は、仏教の側の「梵天勧請」的発想であり、一方で用明天皇の仏教を「信（ウ）け、神道（カミノミチ）を尊ぶ」という姿勢であった。以来日本の為政者は、この政策を明治に至るまで実行してきた。神仏習合と呼ばれる宗教形態である。この信仰形態は、仏教のところでも触れたように、仏教が伝播した地域の現象であり、日本のみの特徴ではない。とはいえ、日本の神道という地域宗教が、普遍宗教に飲み込まれずに今日まで続いているのは、仏教の宗教構造に起因するということである。なぜなら、ザビエル（1506〜1552）によってもたらされたキリスト教が、本格的に定着していたならば、神道は瞬く間にキリスト教に飲み込まれて、日本はキリスト教化していたはずである。しかし、仏教のような普遍宗教があったために、キリスト教との宗教的な落差がなく、むしろ仏教の思想性がキリスト教を上回る点もあり、宗教論争における対等の関係は、日本は独自の信仰形態を維持できたのである。当時発行されたキリスト教と仏教との論争本（例えば『妙貞問答』）やキリスト教を論駁する書物（『破切支丹』）においては、両者の優劣は、客観的には決することができない程である。勿論、両者の立場によってそれぞれ優位を主張しているが。

いずれにしても、日本の神仏集合の典型は、聖武天皇自ら建設に汗を流された東大寺の建立に貢献しようと現在の大分県の宇佐から御幸された宇佐八幡神

であろう。相前後して、日本の神々も仏教に帰依し、仏教の守護神という形で仏教のパンティオンを形成することとなる。その理論には、本地垂迹説や、その裏返しの逆本地垂迹説（吉田神道）などがあったが、基本は仏教と神道の互恵的共生思想である。

そこには、死の穢れを祓いきれない苦悩等が理由として挙げられているが、仏教の世界観が日本人の生死観に大きな変化を与えた結果ということもできる。それは、中国の場合とも相通じるものである。

ところで、伊勢神宮の祭神が仏教との関係によって語られるようになったことなども、神儒神道、筆者が呼ぶ近世・近代神道の立場から言えば、奇異なことになるかもしれないが、用明帝以来の仏教との関係を考えれば、さして違和感のあることでもないし、他の仏教国の仏教と地の宗教との関係を考えれば自然の成り行きで、驚くには当たらない。

いずれにしても、御所にはお黒戸と呼ばれる仏壇があり、伊勢神宮はじめ各地の神社には、神宮寺が建立され、また寺の境内あるいは隣接して寺内社が併設され、天皇はじめ貴人から、神主までが仏教式の葬儀で葬られた、という歴史をキチンと認めることは、現在の日本理解には不可欠であろう。ちなみに伊勢神宮の内外宮の神主の多くは、戒名を持ち葬られている。これが、近代以前の日本の宗教情勢である。

近代神道イデオロギーの発生

明治維新という文明レベルの激変を体験した日本人は、社会変化と同様に宗教的な変化に挑んでいった。つまり、用明帝以来の神仏習合から離脱し、新たな日本社会の根底となる西洋文明との融合を社会制度のみならず精神レベルでも一体化することが試みられたのである。勿論、表面上は「和魂洋才」などと表現していたが、その実態は、天皇を中心に据えた復古型の神聖政治であった。

この形態は西洋の絶対主義王権の模倣である。この政府は、御一新あるいは御一洗（初期には、こう表現された）によって生まれたが、西洋型近代国家に不

可欠な世俗社会を背後で支える宗教としてのキリスト教に当たる宗教として、新たに神道を創出する。その時に創出された神道が、筆者が近代神道と呼ぶ宗教である。

この近代神道は、神道とキリスト教の合体、あるいはその模倣によってできた神道である。いわゆる近代国家が、西洋近代国家の模倣であったように、神道もそれに併せてキリスト教の要素を受け入れたのである。その結果、作り上げられたのが近代神道、いわゆる国家（国体）神道（筆者はこれを神基（キリスト教）神道と呼んでいる）であり、その中心機関が靖国神社であったと、筆者は考えている。

つまり、靖国神社は、日本の近代国家の構築、そして維持において中心的な役割を特に精神（信仰）面において担ってきた神道（後に国家神道と呼ばれる神道）を代表する神社（機関）と位置づけられるのである。つまり靖国神社は日本の近代以降の歴史が、西洋社会への自己同一の歴史（欧米化）であり、反面その反作用としての自意識の創出と強化（いわゆるナショナリズムの育成）という、二律背反的なねじれ現象という紆余曲折の中において、民衆の精神を日本という国家につなぎ止めるための要と位置づけられてきた。特に、度重なる戦争による戦没者の慰撫鎮魂、さらに顕彰の役割を、この靖国神社は負わされてきた機関（神社）であったと考えられる。

靖国神社は、明治維新から日本の近代化という社会改革、というより革命的な新社会の創造運動の中において生み出され、日本の西洋近代化とともに変化しつつその中心的な役割、特に精神面において日本のナショナリズムの中心機関の役目を担わされてきた宗教機関であった。したがって靖国神社の存在は、日本の近代化つまり日本の西洋近代化という流れの中において、また日本の近代精神史という大きな枠組の中において論じられるべきものであり、所謂一般的な宗教施設でも、また純然たる政府の行政機関という枠組にも入らない特異な存在なのである。

ましてや、現在とかく第二次世界大戦の敗北との関わりからのみ靖国神社の問題を論ずる傾向にあるが、そのような一面的な考察は靖国神社の一面のみを

捉えた問題意識と言わざるを得ない（勿論、そのような議論を否定しているのではなく、さらに広い視点からの議論が必要である、と指摘しているのである）。

つまり、靖国問題を検討するには、明治以降の日本社会全体、特に、政治・軍事・宗教（信仰）・民衆教育の分野からのアプローチが不可欠であり、そのどの部分を欠いてもその存在を正確に掌握することはできないであろう、ということである。

■　復古神道から近代神道へ

明治維新政府は、御一洗・あるいは御一新（これらは明治の当初用いられた言葉であるが、明治５年頃より「維新」という曖昧な言葉が、本格的に用いられるようになった。つまり一洗や一新では、天皇制の永続性という明治新政府のスローガンと不一致をきたすからである。それは一洗や一新は、あたかも革命のような、伝統との連続性否定の要素が意識されるし、何より言葉が明快過ぎるからである。しかも明治新政府が、忌まわしい仏教によって穢された日本の歴史を洗い流し、真に清らかな日本の伝統的な神道の国を作ろうとする意図が込められている。しかし、その結果、仏教ではなく、キリスト教が神道と結びつくことになったのは、歴史の皮肉であろう）と称して、それまでの聖俗分離体制とも言うべき、政治体制（いわゆる貴族政治から幕藩体制まで）を否定し、天皇親政、つまり古代社会に見られる神政政治の樹立を断行しようとした政府であった。

この思想を政治イデオロギーとして提唱したのが、国学者の平田篤胤（1776〜1843）やその門下の大国正隆（1792〜1871）や矢野玄道（1823〜1887）、急進派の国学者（つまり神道原理主義者）たちであった。

そして神道原理主義を根本とする成立まもない明治新政府にとって、その政権の伝統との正統性はもとより、その権力のあり方の正当性を確立、維持することは急務であった。その目的のひとつとして作られたのが、靖国神社の原型である（東京）招魂社であり、つづく靖国神社などの一連の施設（地方の神社忠霊塔なども含む）である。ここで注意しなければならないのは、伊勢神宮（内宮）は、歴代の天皇霊を祭る神社であり、如何に明治政府といえども、この伝

7　日本と宗教　117

統的な存在である伊勢神宮を明治政府の統治下に置くことが憚られた故に、靖国神社という新しい宗教施設が必要とされたという背景である。

ここに、明治維新政府の日本の歴史における位置づけの一端を見ることができる。つまり靖国神社は、新政権の後ろ盾のために作られた近代神道の中心施設なのであり、少なくともそのように形成された。ちなみに靖のヤスは、辞書によれば「しづめ治める」「安定させる」などの意味である。ちなみに「靖国」は「くにを安らかにおさめこと」であり、その出典は「春秋左傳」である（『詳解漢和大辞典』冨山房）。つまりこの名が示すように、靖国には政治と宗教双方の伝統的な意味が込められたのである。それはまさに近代版の「東大寺」あるいは「天龍寺」であり、また戦死者の霊魂の慰撫鎮魂の施設であった。

つまり、靖国神社は、日本の伝統的な鎮魂施設の一面を持ちつつ、しかもその新しい神道は、日本の伝統ではなく、むしろキリスト教との習合による神耶神道と呼ぶのが相応しいほどに、一神教的、少なくとも西洋近代的な装いを持っていた。それは、日本の近代化である以上当然であるが、意外と社会の近代化は強調されるが、宗教領域の近代化は秘匿されるのである。

いずれにしても、この靖国神社が単なる伝統的な神道の宗教施設でなかったことは、この施設の管理を陸海軍と内務省が担当したことでも明らかである。また、同神社（招魂社時代も含めて）には、天皇の度重なる行幸もあり、その位置づけが特異であったことも注目してよいであろう。確かに、靖国神社は日本の近代化という国家目標と、それに伴う軍事面に特に大きな役割を負っていた、ということは事実であろう。その意味で、靖国神社の存在は、明治以来の日本社会の近代化という全体から、論じられなければならない存在ということができよう。勿論、これは時代の要請であり、靖国神社の存在を否定する理由にはならない。

ただし、日本の神道の伝統では、個人の霊を祭るという場合は、祟り霊の鎮魂であり、神社への封じ込めであり、集団の霊つまり祖先霊のような漠然とした霊を祭るという場合は、そこには祭られる魂の個性は無いとされているが、これはむしろ仏教的で、神道には統一的な教理は乏しい。

118 第1部 宗教とは何か

いずれにしても、祟り神を鎮めるための神社は、崇道天皇の崇道神社（相良神社）、崇徳天皇の白峰神社、さらに下御霊神社なども、天皇皇族、貴族で非業に死した人々の霊が祭られている。つまり、鎮魂されている。一方、臣下では菅原道真の北野天満宮、平将門の神田明神など古来祟り神として、固別に恐れられ篤く祭られていた。しかし、多くの悲憤のうちに亡くなった一般人の霊を慰めるために建立されたのは、実は寺院である。古来寺院は万霊供養、滅罪供養の施設として多数創建された。

　例えば、鎌倉幕府の第8代執権であった北条時宗（1251〜1284）は、元寇の役の後に、日本・蒙古・高麗などこの戦争での全戦死者を追悼供養するために円覚寺を建立したし、京都の天龍寺は足利尊氏（1305〜1358）が、後醍醐天皇の冥福を祈るために、そして南北朝の戦いで亡くなった多くの兵士の慰霊のために建立した。これらは戦が終われば、すべて敵味方を問わない、怨親平等という日本の伝統的な発想からなされている。

　死ねば皆浄らかになる。死によって、生前の罪は、浄化あるいは無化（なくなる）されるというのが、日本における鎮魂の考え方である。そのために死後33年、あるいは50年間の供養期間が考えられている。その思想の背景には、強い仏教の影響がある、ということを今一度自覚する必要があろう。この点の理解が乏しい故に、戦争責任というような議論がしばしば起こるのである。

■　怨親平等と靖国神社

　一種の神道民族主義国家として生まれた明治政府は、結果として民族宗教の純粋性を簡単に捨てさり、西洋化の道を歩む。つまり、神道のキリスト教化である。

　勿論、その政策は段階的になされたが、靖国神社そのものは明治12（1879）年にそれまでの東京招魂社を抜本的に改めて、靖国（靖はおさめるの意味）神社となり成立した比較的に新しい神社である。

　また、戦没者を神として祭るという形式を持つという点で、近代的な特異な神社ということもできる。そもそも靖国神社および、その前身である招魂社と

7　日本と宗教　*119*

は一体どういう存在であったのであろうか。この問題から入っていかねばならない。

東京招魂社の起こりは、慶応４年の６月１日に関東地方の反乱の終息時、時の東征大総督の有栖川宮が、この戦いで戦死した官軍（幕府軍側の人々は入っていない）の霊を祭った（招魂した）ことに端に発している。その時は、江戸城内の大広間に仮の祭壇を設けて儀式を行った。ただし、それまでの日本の伝統では死者の霊を祭るという考えや定まった方法はなく、わざわざ京都に使者を派遣し、吉田神道の流儀を参考に恣意的に行われた。

その後、同７月には京都において忠死霊魂祭と名づけられ、新しい祭りの形式が考案され、天皇方に味方した兵士のみを鎮魂する祭祀が考案され、合わせて朝廷側の戦死者（主に薩長藩の関係者）への御下賜金の支給があった。現在の靖国の祭祀の原型がここにある。

さて、ここで問題は、このような死者の遇し方が、どこから生まれたのかということである。つまり、ここでは同じ死者であっても朝廷方と幕府方という明確な区別があり、敵と味方を・峻別するという思想が前提となっていた。それは、味方である朝廷方の戦死者は死して後、この祭りによって救済するが、敵である幕府方の人間は無視するというこの姿勢である。ここには、同じ日本人という発想も、また一切草木悉皆仏性というような仏教的な平等感は皆無である。只新国家の樹立に役立った者とそうでない者を峻別するという、新しい発想によって形成されているのである。

先にも触れたように、日本の伝統では仮に現世において敵味方となり戦いを行っても、死者は区別なく処するというのが、明治までの一般的な思想（これを怨親平等という）であった。それは日本が外国から征服されたことがほとんどなく、仮に戦争となってもそのほとんどが、肉親同士であった（保元・平治の乱や関ケ原の戦いなどを見よ）ことにも要因はあるが、やはり仏教という地域や民族性を越えた普遍的な宗教を長く信仰してきたことと、深く関係していよう。

だからこそ日本人は、元寇の戦いの際に亡くなった多くの元軍の将兵さえ、

憎しみを超えて敵味方平等に葬り盛大に供養したのである。現代でもその伝統を引き継ぐ人も少なくないし、利生塔と呼ばれる供養塔も残っている。このような死者を平等に葬うという風習（怨親平等）は、日本文化の伝統といってもよいものである。

　ところが神道原理主義的な発想で凝り固まった維新政府はそれを否定し、この世における敵味方という関係を絶対視し、死後の世界にまでそれを延長した。これは「怨親平等」主義を掲げた日本の伝統文化とは異質な信仰形態が、ここに持ち込まれた事を意味する。

　ところでこの二分法は、2つの矛盾を内包していた。それはひとつには日本の伝統的な信仰形態ではなく、既述の通り異質なものである。その起源は、第一義的には儒教、特に朱子学の思想であるが、さらに西洋近代文明（西洋近代キリスト教文明）との融合である。

　ここで参考になるのが中国の秦檜（しんかい）（1091〜1155）であろう。彼は金に和睦した売国奴として歴史上有名であるが、彼の夫婦の銅像には、今でも唾を吐きかけ、侮辱する、つまりその罪を許さない、という習慣がある。これは儒教、特に朱子学的な一元論的な世界観による怨親峻別思想、つまり許しの構造がない故の発想である。勿論アブラハムの宗教特有の、つまりキリスト教が持つ排他的一神教の自己絶対化の発想が、そこには深く影響している。

　いずれにしても、儒教、特に朱子学が日本に定着し、これが神道と結びついたものが、いわゆる国学であり、これが政治運動と結びついたのが、明治維新のひとつの源流である。この神道復古運動、具体的には復古神道、特に平田神道、さらに明治以降、西洋化、つまり西洋近代キリスト教文明化の中で変化し、最後に国体（家）神道となる。この流れの中で仏教的な発想は、徹底的に排除され、その間隙を埋めたのが極めて恣意的な日本儒教と西洋文明的な発想が結合した国体（家）神道である。

■　日本的な伝統の放棄

　近代神道には日本にかつてあった漠然とした祖霊信仰、例えば死に浄まると

いうような発想はない。つまり、死ねばやがて罪科が消えてまっさらな祖霊となり、個性も消えて浄らかな存在となる、というような牧歌的な祖霊観ではないし、祖先の魂や名を受け継ぎ、その人になるというような人間観もない。あるのは、国家に有益な功績をのこして、つまり戦死したという個人の事跡だけである。

とはいえ、日本の神道の歴史には、一般人が神となる、ということはほとんどなく、儒教的な祖先祭祀との混同が、一般人の祖先をも神（祭祀対象）とするようになるのは、江戸の中期以降ではないか、と思われる。それも地域の功労者などが中心であり、一般人が神になることはまれであった。

いずれにしても、江戸時代は、葬儀は仏式、地域共同体の祭祀は神式という漠然とした役割分担があり、それが壊れるのが、朱子学、そしてその影響を受けた国学の普及による江戸後期である。しかし、それでも死者供養は、穢れを嫌う神道の伝統により、久しく衰退していた。故に、儀礼を支える宗教文化が希薄である。だから国家的に近代神道を普及しようとしても、必ずしも定着しなかった。故に、仏教を否定して、神道をこれに置き換えようとしても、結果的に精神世界を混乱させることとなった。

近代以降無数の未熟とも言えるシャーマニズム的な宗教が民衆から生まれたのも、そのためである。しかし、近代国家は、矢継ぎ早に外征し、多くの犠牲者を各地に置き去りにしたのである。人々が死者の鎮魂を何かにすがらざるを得なかったのもうなずける。彼らの鎮魂は、単に宗教的のみならず、政治的な役割でもある。故に、靖国問題は政治化を伴うのである。

文化としての近代神道

いずれにしても、一度そのような気運が確立すると、それは政策として推進されていった。その契機が、戦没者が急増した日清・日露の戦争であった。以後、靖国神社の存在は、戦没者を持つ一般民衆の鎮魂・慰霊の場としての宗教性を一層強めて、というより付加していったようである。つまり、それまでは

神政政権的色彩の強い明治政権の、言わば正当性確立の一端を担う宗教施設としての招魂社あるいは神社といった傾向が強かった靖国神社であったが、戦没者の増大により戦没者の慰撫・鎮魂との関連が強められ、その結果として民衆信仰の対象としての靖国神社が形成されたのである。そして、周知のように、戦争推進の精神的な支柱（死後の世界を担当）として靖国神社は、全国民（臣民であったが）の戦没者、荒魂の鎮魂機関的な組織となる。もっともこの新しい形態の神道（近代神道）は、すでに述べたように、古代以来の祟り神信仰と儒教的な善悪論を有益・無益論（つまり、国家に有益な戦没者かそうでないかを峻別し）に読み替えて、新たな祭祀論、教理を作った結果である。

　しかし、日本古来の怨親平等や祟り神信仰の慰撫鎮魂という伝統的な神道の歴史に、靖国神社の主張が接合する前に、第二次世界大戦（大東亜戦争）の敗戦後となり、日本人だけでも死者300万人を優に超える犠牲者の鎮魂を処理する前に、占領軍が主導した諸改革において靖国神社を中心とする国家神道は、迷走することとなった。一宗教法人としての現在の靖国神社の形式になった、ということである。そして、その存在に関しても多くの問題を孕むこととなった。ちなみに、筆者の家でも戦没者がおり、個人的には靖国神社に参拝を行っている。しかし、同時に家の仏壇には、位牌があり仏教式の供養も行っている。このような二重構造に関しても、我々は改めて考える必要があろう。

　いずれにしても、日本人が自らの鎮魂の歴史を良く理解し、死者の供養のあり方を真剣に考えることが、靖国に祭られた人々の霊魂に報いることになるであろう。故に、これを政治問題化し、政治家の駆け引きや外交の損得勘定の道具にしたりする前に、真の鎮魂の意味が語れるように、靖国の歴史をしっかり理解する必要がある。

　さて、この短い記述からも明らかなように、国家神道就中靖国神社の問題は、単なる法制上の問題のみならず、精神や文化など幅広く、その意味で日本の近代社会そのものを問う試金石的な問題であり、これを単なる宗教問題や政治問題として扱うことは、靖国神社の問題を矮小化し偏向させることである。ましてや、戦争責任（その多くが、敗け戦であった第二次世界大戦に対するものであり、

7　日本と宗教　*123*

それ以外のことは問題とされないのも問題である）のみを追求したり、また信教の自由の問題（靖国訴訟など）のみから、靖国神社の問題は論じられるだけでは、その本質を見失う危険性がある。つまり、靖国神社の問題は、日本の近代化の歴史を日本の歴史に如何に位置づけるか、ということである、と同時に今後の日本社会において宗教と国家、あるいは社会の関わり方を考える上で非常に重要な問題なのである。

　したがって、この問題をいたずらに大東亜戦争の戦争責任と結びつけて論じたり、また逆に民族信仰の拠り所として感情的に擁護しようというような姿勢一辺倒であってはならないであろう。むしろ、世界各地の宗教運動との比較を通じて、より普遍的な靖国神社の存在に対する議論がなされるべきであろう。例えばこの問題は戦争の犠牲者を記念するアメリカのアーリントン墓地や、ヨーロッパ諸国における無名戦士の墓との関係などでも比較研究する必然がある。

　とにかく、タブー視されてきた靖国神社、および国家神道の存在であるが、本節ではこの問題を宗教社会学視点から考察してみた。不十分な考察であるが、この問題は決して日本のみの問題として論じられるべきものではなく、広く民族と宗教の問題や非西洋社会における近代化とそれに伴う民族信仰の問題、さらには宗教と国家の問題としても検討されるべきものである。そうすることで、19世紀から20世紀初頭のユダヤ教・キリスト教やイスラムの復興運動、さらには1980年以降活発化してきた、各地の宗教原理主義運動との比較がなされるべきである、と筆者は考えている。

普遍宗教を否定する日本の民族宗教の今後

　ところで、普遍宗教としての仏教は、当然ながら日本人にとっては外来宗教ということである。しかし、仏教が外来宗教であると認識し、それ故に排除するという発想は、仏教初伝の頃と儒教と神道の融合した近世以降以外には稀であり、むしろ仏教という普遍宗教を受け入れることを神も民衆も熱望した。

　歴史的には、中国において儒者による仏教の排除は、日本においても同様の

メカニズムで模倣された。つまり、中国の朱子学的な中華民族主義（華夷思想）と神道の日本の民族主義が結びつき、いわゆる民族宗教による、普遍宗教の排除運動が挙行されたのである。

　しかし、日本にとって儒教も外来宗教であることは明白である。故に、近世以降の排仏運動は、夷狄の宗教を同じく夷狄によって追放しようとする運動であり、自己矛盾にみちたものであった。しかし、鎖国中の日本では、普遍性は自己中心的な自己絶対化の中に求められるものとなったのである。さらに鎖国により世界からほとんど隔離された孤立主義的自己陶酔の結果、あるいは世界意識の縮小再生産の結果、普遍性とは自己の絶対化であるというような錯綜した考えになった。その結果とも言える国学の興隆は、儒教までも否定的に捉えられることとなった。その時、儒教を否定するために用いられたのが、オランダや中国経由の西洋近代的な断片的な知識であった。

　ここにもまた、自己撞着的な日本近代の思想的な限界が見出せるが、その傾向は、今日においても続いている。

　そもそも、仏教のような普遍宗教への帰依は、地域性や民族性を超えて信仰されるもので、外来宗教だから排除するという発想は、中国や日本など民族宗教が生き残った地域の特徴的な発想である。

　他の地域では仏教を受け入れることは抵抗はなく（勿論、キリスト教、イスラム教圏はこの限りではない）、仏教化を民族宗教レベルが否定することはほとんど事例がない。つまり、聖徳太子の十七条の憲法における「万国極宗：ヨロズノクニノキワメノノリ」（2条）であり、これを受け入れることが重要と考えられたのである。事実、スリランカが仏教化したことも、他の地域が仏教化したことも喜びを持ってその普遍性を受け入れたのである。

　故に、普遍宗教である仏教を夷狄とか蕃神とか否定的に捉える発想は、同じく普遍宗教であるキリスト教やイスラム教を受容した地域には希有である。

　しかし、中国と日本においては、というより中国の影響を受けた日本では、儒教的な民族宗教的な発想により、普遍宗教の仏教の普遍制が否定され、限定的な定着となったと言うべきであろう。ここに仏教の限界性を見ることができ

る。

　一方、同じく普遍宗教であるキリスト教やイスラム教は、その信仰を受け入れることで、既存の信仰は、抹殺されることになるので、民族宗教との習合はほとんどあり得ない。故に、日本の神道と習合することは、ほとんどないので、キリスト教やイスラム教化すれば、自動的に神道は消滅するであろう。なぜなら、両宗教は世界を一元的に神の創造神話で捉えることで、地域性を超越するからである。一方仏教は、同じく普遍宗教と言っても、他宗教との融和的な発想（梵天勧請）故に、民族宗教をうちに抱え込みつつ共存するので、内部からの反抗、離散を宿命的に抱え込んでいる。

　それが仏教の融和文明の特徴であり、致命的なものである。故に、今後の日本では、仏教も、神道も徐々に衰退し、キリスト教やイスラム教化することになるであろう。

第2部
トピックス　現代の宗教問題

仏教的な平和観を表した？石仏

1 文明の祖型としての宗教——宗教と文明と情報

情報と宗教　　いわゆる情報は、広義においては、「物質、エネルギーを「秩序、無秩序」的次元からみた共通形式性であり、時間的、空間的、定性的、定量的な一切のパターンである」(『哲学事典』平凡社)とされる。つまり、存在世界において個々の存在の時間的、空間的、量的、質的継続性を可能にするパターン(型紙、祖型)を、他に伝え、再生・再構築、さらには拡大させる一連の存在が情報と呼ばれるものである。生物界では、細胞を再生するDNAが、まさに情報の典型ということになり、人間社会では、それはもろもろの知識ということができる。つまり、情報とはある個別存在を時間的、空間的、量的に連続的に結びつける価値(知識)ということになる。或いは、それらの非連続の存在を連続的に把握することを可能にする、生み出す知識の集積ということができる。

さらに言えば個々の存在に連続的、或いは類似的、さらには自己同一的な意味を与える、或いは生じさせることが情報である。これを人間社会に例をとって考えると、社会の連続性、さらには文明の維持発展に大きな役割を担う存在として宗教がある。宗教の持つ聖典、儀礼、戒律、各種文化、芸術などの表象を含む価値体系を基礎に、そのパターンが時空を超えて繰り返され、自己同一的に認識される存在が社会であり、その総体が文明となる、と考えられる。

文明の祖型としての宗教と情報　　文明はハードとソフトの2つの部分に大分できる。両者はともに宗教の影響を受けるが、ソフト部分の維持に関しては、宗教の果たす役割はさらに大きい。というのも宗教は、特定の教理、儀礼、生活様式、特に食物タブーなど直接日常生活に関わる実践規定(いわゆる戒律：生活規範)を持ち、それはその宗教が続く限り時間、空間を超えて極めて強く継承されるのである。いわば宗教は、自ら現想とするパターン化された人間集団、つまり社会を繰り返し再生させることをめざす人間集団の基礎であり、文化・情報の集積体である。

その時に、民族宗教と呼ばれる宗教は、時間、空間的に拡大志向が弱く、むし

ろ特定の環境下に適応する形で、継続的かつ固定的なパターン再生を繰り返すことをめざす。一方、普遍宗教と呼ばれる宗教においては、時間、空間を超えて拡張型思考を持っている故に、自らの宗教的なパターン、つまり情報を、時間的、空間的に拡大化することをめざす。

　いずれにしても宗教は、時間的、空間的に非連続の個人、社会、国家、さらには文明を結びつけ、また次々に再生させる情報体系ということが言える。そして、その宗教が提供する情報は、前述のように宗教教理（特に価値観）、儀礼、生活の実践規定など有機的に連携し、宗教の維持、継続、そして発展が、文明の継続、拡大と強く連動しているのである。

　というのもそれぞれの宗教では、その統一性を維持するために、文字や言葉、或いは具体的な象徴体系を駆使して、情報の固定化と伝達、そして再生産を継続的に行ってきたからである。その歴史は、恐らく現生人類の発生以来の伝統を持っている、と言うことができる。なぜなら、現生人類にのみ所謂宗教体系のような時空を超えた非連続の存在を、連続的に認識する抽象能力が備わっているからである。そして、この能力を基本として宗教が生まれたというのが、最近の宗教学における宗教の起源の説明でもある。

　いずれにしても、宗教がその形成に深く関わる文化・社会、その総体である文明は、強い連続性や統一性を持つが、その統一性と継続性の維持に、宗教が持つ特定の形（パターン）が大きな役割を果たす。その意味で、特に聖典宗教が果たす役割は大きいと言える。というのも、聖典は、通常原語化され、変化しがたく、常にその社会集団に、一定の目的意識や目標、さらには世界観を与える存在として機能するからであり、さらに具体的な生活規範、特に善悪の規範を与える根拠となってきたからである。そして、さらにこの聖典が文字として記述されていれば、その一貫性や継続性は、一層強まり、文明というような空間、時間のスケールの大きな領域を、一定の基準で統一、少なくとも一貫性を持ってまとめることのよりどころとなるからである。

　このように宗教は、それを信奉する人々の生活を、時間的・空間的に総合的に規定する働きを持つのである。逆に言えば信者たちは、その宗教の聖典が定める規定に相応しい生活空間を形成しようとし、そのために、ハード面、ソフト面の双方において宗教規範を参考に、社会、それが結果として文明に発展してゆくの

1　文明の祖型としての宗教　*129*

である。これが、宗教と文明の関係である。以上のように、宗教の聖典は、いわば文明形成の基本情報が集積されたものということができる。

　勿論、宗教聖典が、文明のすべてを決定するわけではないが、文字化され、規格化された情報としての聖典は、繰り返し反復され、信徒の思考を形成する大きな要因であるという点で、自然環境が文明形成に与える影響以上に大きな存在である、ということである。なぜなら、文明は「人間が、人間のために作った人間のための生活空間である」からである。そして、その文明を構成する主体が、宗教により価値づけられた人間だからである。

② 民族・民族主義、国民国家、グローバリズム

グローバル化と民族主義の台頭　　20世紀の末より領土（国家）、文化、歴史意識などに細分化された近代国家のあり方が問われるような状況が加速した。例えば、ヨーロッパではEU連合のような、かつての帝国や教会支配を思わせる広域な統治システムが形成された。特に、グローバル時代と呼ばれる高度情報化時代の到来とともに、地域的な枠組を超えて地球市民的な発想が強調され、新たな人類の地平を開くものとして大いに期待された。

　この時、人々の意識は、人類が直面する全地球規模の問題、その象徴が地球温暖化・環境汚染など環境問題、金融のグローバル化に伴う世界経済の一元的な連携とそれに伴う貧富の差の拡大、さらに資源管理などの経済問題等などであった。この問題は、地球規模で取り組まなければならないレベルのもので、自国優先主義的な民族国家の発想では、取り組めないものである。それ故に、近代的な民族主義を単位とした民族国家、さらには国民国家の枠が乗り越えられようとしたのである。

　特に、EU（特に、ヨーロッパ連合）は、従来人々を閉ざしてきた国境の撤廃（少なくとも移動手続きの簡素化）や、関税の自由化（軽減化）、を通じて領域内の人・物・金・情報等の往来の自由化を促進した。その背景には様々な要因があるが、それができた背景には、宗派は異なるとはいえキリスト教という共通の信仰があ

130　第2部　トピックス　現代の宗教問題

ったことは、決して無視し得ない要因であろう。その宗教と文化、歴史の基礎の上に、経済や現実政治の要因が加わったのである。

　100年程前に当該地域で盛んに主張された民族を核とする国家建設という運動とは正反対とも言えるこの運動は、ヨーロッパ文明のダイナミックさ、あるいは揺れ幅の大きさを示しているとも言える。ところが、この人類の新たな試みとも言える国民国家を超える EU のような試みが、グローバリゼーションによって加速化されると思いきや、現実はその普遍思向の理想主義的な方向とは逆に、かつての民族国家への強い回帰運動が、ヨーロッパ各地否、世界で台頭しつつある。

　いわゆるヨーロッパ社会の保守化、その結果としての保守政党台頭、保守政権の誕生等である。この傾向は2017年の英国における国民投票による EU 離脱の決定であろう。それまでの EU は、財政破綻に直面したギリシャの救済やスペイン、ポルトガルなどの財政危機にも、結果的に EU の理想を守るために、巨額の援助をすることで、この理想を維持してきた。しかし、シリア、イラクを中心とする中東のイスラム難民の急増を機に、押さえられていた民族国家主義とでも言える国家単位の反発が急激に台頭し、理想主義的で、エリート支配、かつてのカトリック教会の支配構造を彷彿とさせる EU の存在は、各地でほころびを見せている。ではなぜ、グローバル化時代に逆行する民族・国民国家への回帰現象が急激に勃興することになったのであろうか？

　それを知るには、近代における民族、国民、民族（国民）国家の歴史を知る必要がある。勿論、これらは政治学領域のテーマとみなされるが、宗教領域のテーマとしても、極めて重要なものである。

世界を動かす「民族」という概念（民族と民族国家、国民国家）　　グローバル時代の反動とも言える現象として、再び復活した「民族、民族主義、民族国家、そして国民国家」という言葉は、内向きというより自閉化する国際社会の現象を理解する上で重要なキーワードとなりつつある。この民族という言葉は、近代以降の歴史を考える上で非常に大きな役割を果たしてきた言葉であった。

　しかし、東西の冷戦期のイデオロギー対立の時代、そして植民地からの独立運動が終息した20世紀半ば以来半世紀以上にわたり、この言葉はほとんど注目されることがなかった。少なくとも政治の中心ではなかった。しかし、東西冷戦の終

結によるイデオロギー対決の終焉と急速なグローバル化により、民族、民族国家、国民国家、という言葉が、新たな形で復活し、世界的な潮流を形成しつつある。この現象は、前述のようにグローバル化の反動現象と言えるものである。そして、この現象を理解する上でのキー概念である「民族」「国民」（それは nation の翻訳語であるが）は、多義的な言葉であり、大いに曖昧さの残る言葉である。故に、先ず、nation に由来する「民族」「国民」について考えよう。

　先ず、民族という言葉であるが、その概念は極めて多様であり、時に恣意的に用いられる。しかも、一度「民族（国民）」という言葉が冠せられると、不思議な磁力、陶酔感を呼び起こし、この言葉は人々を結集させる不思議な力を発揮してきた。

　そして20世紀末より、再びこの民族を冠した運動が、国際社会において大きなうねりを起こすようになった。それが「宗教民族主義」と呼ばれる宗教を中核とする民族主義運動である。さらにグローバル化による急激な世界平準化、その実は世界のアメリカ化、アメリカ標準化への反発による、「自国第一主義」「右傾化」時には「大衆迎合主義（ポピュリズム）」などと呼ばれる民族や国家のエゴイズムの波である。

　そして、この時意識されるのが、「民族国家」あるいは「国民国家」という言葉である。ところが、今回の民族や国民を形成している要素は、19世紀時代の政治的な独立をめざした政治民族主義とは異なり、それぞれの国の宗教、文化と強く結びついている宗教民族主義と呼ぶべき現象であり、故にかつての民族の概念と異なる。その意味で宗教理解に不備のある日本人には、一層その理解が難しい存在となる。

　そこで、以下では宗教と民族の関係を理解するため、その言葉の成り立ちを簡単に概説する（ドーソン：深瀬基寛訳『宗教と近代国家』参照）。

日本語の混乱　　本書でしばしば翻訳語の問題点を指摘したように、「民族」「民族国家」「国民国家」の基本となる「民族」という言葉は、近代以降の翻訳語であり、その意味は多様で、かつ曖昧な言葉である。

　この翻訳語としての民族という言葉が成立した背景を2方向、つまり翻訳語としての「民族」の用例とその言語である nation の言葉の歴史について、簡単に

132　第2部　トピックス　現代の宗教問題

検討してみよう。まず、nation は、ラテン語の natiō（生まれ、誕生、血統、民族、部族、国家、国民（性））を語源とする。これは nascor（生まれる。〜の子孫である。起こる）からの派生語である。

この言葉は、ほぼ現在の我々のイメージとそう開きはない。ちなみに日本人が編纂した最初の英和字典である『薩摩辞書』においては、「人民、国人」となっている。しかし、この生まれや居住地を前提とする人間集団を示す言葉が、近代的ないわゆる民族国家（nation-state）の民族、あるいは国民となると、多少趣を異にする。つまり、近代的なイデオロギーとしての「民族の概念」である。その起源はどこにあるか、ということである。

そこで、注目されるのが、ネイションの意味の中にある［ユダヤ人以外の］異教徒という意味である。「民族」という言葉の歴史的な形成を解説した関曠野氏の研究によれば、現在の民族という言葉の語源は、当然ラテン語にあるが、しかし、実はその直接の意味は、別のところにあるという。つまり、近代においてイギリスが、国民（民族）国家（nation-state）を最初に名乗った時、その nation（民族、或いは国民）という言葉の意味は、『旧約聖書』のユダヤ人が伝えた民族の概念が参考にされたというのである。

つまり、宗教改革の影響の下でイギリスが、宗教的にも、また領土的にも大陸（宗教的にはカトリック教会）から独立し、独自の領土と信仰、言葉を持ち、統一した国を作った時に、採用したのが『旧約聖書』が伝える古代イスラエル（ユダヤ）人の民族概念であった、というのである。詳しくは関氏の『民族とは何か』（講談社現代新書）を参照していただきたいが、要は、現在我々が用いる民族概念の基礎には、ラテン語的な意味と、ユダヤ教的な意味、それは宗教を単位としてその相違を判断すること、つまり「同一の信仰と領土と血縁関係を共有する一つの独立した社会集団」という意味が基礎になっているということである。しかも、記述のように西洋近代文明は、反カトリック、反ヘレニズム的であり、その結果親アブラハム（具体的には『旧約聖書』）的、ユダヤ教的であることを考えれば、当然の帰結である。

そしてここにも、本書でしばしば言及してきた、文明の祖型（プロトタイプ）としての宗教の存在の重要性を見ることができる。つまり、『旧約聖書』が提示した情報を、キリスト教における原理主義運動と筆者が考える、プロテスタント

運動が、これを多分に恣意的であるが採用し近代文明形成に役立てた、ということである。それは、カトリック神学に対する対抗意識から、敢えて、『旧約聖書』回帰運動とも言えるプロテスタント派ならではの発想でもある。

イデオロギーとしての民族

以上、民族や国民（人）と訳されてきた nation の意味の背景を簡単に概説した。その結果、近代の民族という概念には、明確に新しいキリスト教（英国国教会はプロテスタントの一派であるので）を奉じた英国のキリスト教によって形成された概念であり、その意味で近代的な言葉であるということである。しかも、英国が精神的にも、また現実的にもヨーロッパから自立し、独自の国（まとまり）を作るために、作られた概念を表す言葉として、nation は新たな意味を、それも極めて政治的かつ宗教的な言葉として作られた、ということである。

このように民族とは、伝統的な意味、つまり生まれや血統と深く関わるいわば種族的な部分と、英国の独立を支えた宗教的・政治的なイデオロギーの双方を持つ近代的言葉ということができる。そして、この言葉を同じく近代以前にはあまり親しみのない民族や国民という漢字熟語として翻訳したために、日本文化に大きな混乱を生じることにもなった。

以上のように、複雑で多様な民族、あるいは国民という言葉の下である nation の意味が大まかにわかると、近代の概念としての民族国家、国民国家、民族自立等々の意味も、その共通性を理解することができるのではないだろうか。そして、この共通性を基礎に、高度な概念を理解してゆけば、この言葉の持つ多様性、複雑性も理解可能となる。

そして民族と宗教の関係の結びつきの強さをしっかりと理解することが、重要であるという点を理解すると、S・ハンチントンの「文明の衝突」と表現した21世紀の国際社会を理解する上で、有効な視点が構築できる。

なお、ここで言うイデオロギーとはマルクスが規定したような「人々との『意識形態』または『観念形態』」という一般的な意味で用いるが、この言葉に関しては、今後他の機会に論じる。というのも、マルクスによって規定された史的唯物論的なイデオロギーが徹底的に宗教を排除した背景には、この言葉が指す対象が、宗教の役割と大きく重なるからである。ただし、イデオロギーという言葉は、

134 第2部 トピックス 現代の宗教問題

その範囲が多くは現実世界に限定されるために、最終的には宗教に取って代わることはできない。その証左は、ソ連の崩壊である。

③ 宗教民族主義の時代と危機管理

　世界のグローバル化が生み出した影の部分の顕在化が、2016年のBrexit（ブレグジット：Britainとexitの合成語）、アメリカン・ファーストを強引に進めるトランプ政権の誕生などで、まさに宗教民族主義という自閉的な流れ（その象徴が自国第一主義である）で、この運動がグローバル化の対抗現象として、急速に世界に広まっている。もっとも、この傾向は、すでに数年前から始まっていた。それは、世界のいわゆる右傾化（右傾化という言葉に関しては、問題がある。これは冷戦構造時の表現であり、実際は国粋主義、自国礼賛、自国中心主義という利己主義的な傾向を指す）現象である。さらに言えば、その背後に、近代文明によって脇に追いやられてきた宗教の復活がある。特にイスラム圏の政治的、経済的、そして文化的な勢力の拡大は、21世紀の新しい世界秩序形成に大きな存在感を示すことになる（2部4：イスラムの台頭の時代とは参照）。

　そして、それは欧米中心のグローバル化の対抗現象と言えるものである。とはいえ、現実には、政治に、経済さらには文化の各面でも世界はグローバル化、つまり全地球一元化、あるいは平準化の方向に向かっており、決して後戻りはできない。

　確かに、人間の能力を遥かにしのぐITや科学技術の急激な進歩は、我々に新たな生活の地平を切り開いてくれた。例えば、数十年前の人であれば、何年もの歳月や膨大な費用、そして数多くの危険を冒さなければ経験できなかったことを数時間、数日で成し遂げることのできる技術や手段を手に入れている。それこそ、「週末はバリ島で過ごし、リフレッシュして新しい週のはじめには、東京でバリバリ仕事を」というような旅行会社の宣伝文句が、ごく当たり前のように実現されている。

　しかしこの便利さは、一方で大きな危機をもはらむことを忘れてはならない。

特に、各地域固有の文化、それも宗教文化の相違がはらむ危険性に関して、十分な認識を持つことが、つまりグローバル化時代がはらむ危険の回避、宗教文化的危機管理の必要性の自覚こそ、宗教復活の時代に日本人が最も不足している要素である、と筆者は考えている。特に、本書がめざすものは、前述の宗教文化対立から生じる事件に巻き込まれない、あるいは引き起こさないために不可欠な基本的な知識を持つことの必要性を、読者に喚起することである。つまり、「宗教の世紀21世紀」における「宗教文化的危機管理」の知識を本書から習得していただきたいということである。

宗教文化的危機管理の視点とは　　　前述の「宗教文化的危機管理」の重要性を我々日本人に知らしめた事件が、2016年7月3日にバングラデシュのダッカで起こった、日本人7人を含む多数の外国人、それも非イスラム教徒を標的とした悲惨なイタリアンレストラン襲撃事件である。そのあまりにむごたらしい事件の展開は、日本人のイスラム教観に大きなダメージを与えるものとなった。

　筆者は丁度同じ日に、インドのデリーにいてその一報を知った。ベンガルデルタのバングラデシュのダッカと乾燥地域のデリーの差はあるが、同じように雨季の到来で蒸し風呂のようなインドの大地での事件であったために、後に述べるようにこの事件は一層悲しみが深いものとなった。今回の犠牲者の魂の鎮魂と、その尊い命を無駄にしないためにも、グローバル化の時代に、世界で活躍する人々には、「生命の危険の回避のための、つまり危機管理としての宗教知識の習得」の必要性を是非理解していただきたいと考える。

　以下は、ダッカ事件について、その直後に中央大学の学生のために、執筆したものを今回の書物用に、修正したのであるが、本筋は事件直後に書いたものである。したがって、現在から見ると多少不十分な分析もあるが、今後いずこにおいても起こり得るこのような悲惨な事件に日本人が巻き込まれないための、基本的な心構えの重要性を説くという意味では、有効な視点であると考える。ここでは犠牲者の冥福を祈りつつ、宗教知識、特にイスラムという宗教やその文化への知識、あるいは配慮が、結果的に自らの身を守る「危機管理の重要事項」であることを、理解していただきたいために、あえて今回の問題にはらむ日本人の宗教への共感、あるいは配慮の欠如、さらには知識の不足が、如何に自らの身を危険に

136　第2部　トピックス　現代の宗教問題

さらすことになるか、ということを指摘する。それが、今回の事件で、尊い命を奪われた方々への鎮魂ともなる、と考える。

　いずれにしても今回の事件の背後を冷静に観察することにより、個々の事例が持つ特殊性・偶然性の背後にある教訓を読み取ることが、今後このような問題に巻き込まれないために不可欠なことである。勿論、筆者とて、この残忍で、卑怯なテロリストの行為に対して、憤りを感じていることは、一般の方々と変わらない。否それ以上に、今回の異常な事件に怒りを感じている。しかし、本書の目的は、彼らを非難することではない。あるいは今回の事件と、IS（イスラム国）やイスラム過激派を非難することをめざすものでもない。なぜなら、襲撃犯への憎しみや憎悪によりイスラム全体への悪感情を抱く、あるいは煽ることは、テロリストの術中にはまることになり、却って意味がないし、本書の意図でもない。

　筆者は、この悲惨な事件の教訓を、今後に生かさなければならないと考えているのである。特に、個々人が直接アジア、アフリカの各地、特にイスラム圏など、宗教規範の厳しい地域に出向く機会が増えた昨今、我々には価値観も生活様式も異なる、異教徒である彼らと付き合い、共生して行くことが課せられている。その時に、宗教文化の差異から生じるリスクを回避するために、何を身に付けるべきなのであろうか？　その答えを導くことのできる思考が大切で、本書の意図はこの課題解決のヒントとなるような情報や思考法を考えようというのである。

　そのためにも、今回の事件の、宗教文化的危機管理という視点からの分析には、意味があると考える。

ダッカ・イタリアンレストラン襲撃事件の背景

　今回のダッカ事件は、誠に凄惨で、言葉を失う事件であった。犠牲になった方々に哀悼の言葉を申し上げるとともに、今後このような悲惨な事件が再び起きないためにどうしたらいいのか？比較宗教・宗教文化を研究する筆者からのこの事件への検討を試みる。

　まず、この項を書いた2016年7月6日時点で筆者は、「今回の事件は、おそらく日本人を狙った襲撃事件ではないのではないか、と思われます」という理解をしていたが、実際、犯行の実行者、いわゆるテロリスト（彼らはイスラムの戦士と自覚していたようである）は、日本人を狙ったというよりも、後に述べるようなイスラム文化の冒瀆者、と彼らが考える人々に、警告を発する意味であの凶行に及

んだというのが、彼ら過激派イスラム側の見解となる。勿論それは、イスラム全体の意見でも、バングラデシュのイスラム社会の見解ではない。

　しかし、彼らには彼らの理論があり、命を賭けてまであのような行動に駆り立てた必然性が彼らには存在した。先ず、それを理解することが、このような事件に巻き込まれないために不可欠な知識である。今回の事件は、「宗教文化的危機管理」という視点に立てば、まず彼らの行動の背景にある宗教的バックグラウンドや理論、そして彼らの置かれた状況、そして、彼らを駆り立てたものを明らかにすることが不可欠である。

　しかし、日本では、バングラデシュのために貢献する人々が犠牲になったということに焦点を当てて、今回の事件の非道さ、つまり、恩人を惨殺する凶悪なイスラム教徒の犯行、という解釈が一般的で、それ以上の考察には、積極的に踏み込んでいないように思われる。事件がまだ新しいうちはこのような対応もやむを得ないことであるが、これでは今回の襲撃事件を起こした過激イスラム教徒やバングラデシュ、さらにはイスラム教やイスラム教徒全体への嫌悪感を増幅させるだけで、今後このような事件の防止、少なくともこのような事件に巻き込まれない、さらには同様な事件から身を守るためにどうしたらいいのかという、危機管理の視点からの教訓を得るという視点は、あまり議論されていなかった。そして、ダッカ事件から２年がたった現在、あの悲惨な事件への言及は、ほとんどないままになっている。

ダッカ事件の宗教文化的背景

　以下の点は、あくまでも宗教文化という視点からであり異論もあろうが、宗教文化的危機管理という観点から、犠牲者の方々の尊い命の犠牲を今後の教訓に生かすためにも敢えて考察する。

　まず、今回の過激イスラム分子の狙いは、日本に敵対して、日本人を狙っての襲撃ではなかったはずである。彼らには外国人（で、イスラム教徒でなければ）であればだれでもよかったのではないか、と思われる（現実には外国人で狙いやすい、つまり無防備な日本人が結果的に犠牲になった）。また、イタリアンレストランを狙ったという理由も恐らく、後に述べるような文化的な背景に加え、警備などが手薄であったという理由であったはずである。というのも、今回の犠牲者に、イスラム過激派が、特に敵視する、米英人の犠牲者が非常に少なかったことが挙げられ

138 　第２部　トピックス　現代の宗教問題

るからである。また、自己防衛意識の高い彼らを狙えるほどの専門的な訓練を受けたテロリストではなかった。いわばにわか仕立ての、話題性を狙った戦略であったということである。

　ここに今回の襲撃事件を解くカギのひとつのヒントがある、と筆者は考える。

　筆者は、バングラデシュの現在社会を研究する者ではないので、現在の状況に不明な部分はあるが、今回のような事件に関して、「日本人が標的」であったというような過度な受け止め方に関しては、実行犯や彼らを操っている勢力の思う壺になることを危惧している。というのも、狙われたのが何故イタリアンレストランであったのか？フランスレストランやアメリカ関係の高級レストランではなかったのか？という点に注目した。つまり、本当に日本人がターゲットであったならば、日本料理のレストランを狙うのが確実であるが、今回はイタリア料理店が狙われ、そこをたまたま使った日本人が犠牲となった、というのが事件の真相であると思われる。

　勿論、事件の首謀者がかつて、日本の大学で教鞭をとり、日本への関係が深かったということも、そして、ある意味で安倍首相が IS 掃討作戦への参加を、表明したことへの報復、という意味合いがあったということも後に報道されている。しかし、本質的には、日本人を憎んでの犯行ではなかったはずである。ただし、日本を良く知るが故に、計画の立案者は、日本人の危機管理の甘さを見抜いていたことは十分予想できる。

　繰り返すが、彼ら過激イスラム分子が狙ったのは、非イスラム教徒でラマダーンの最後の金曜日という彼らイスラム教徒にとって聖なる日に、アルコールを飲むような外国人であれば、だれでもよかったということではないかと考えられる。さらに言えば、犠牲者を出しても、その宣伝効果（犠牲者の皆さんには、失礼な言い方で申し訳ないが）が大きい一方で、報復の恐れが限りなく少ないイタリア系のレストランを選び、日本人を含めた外人客を犠牲にするという、かなり計算された襲撃事件であった。

　この点は、イギリス、アメリカといったイラクやシリアを攻撃している国々の犠牲者が少ない、という点からも類推できる。

なぜ欧米の犠牲者は少なかったか　今回の事件で、旅行者のひとりを除き、

3　宗教民族主義の時代と危機管理　*139*

ISなどが敵視するイギリス人やアメリカ人は、この場に居なかった。それはなぜかということが疑問として残る。というのも、欧米人は、歴史的に見て日本人以上にバングラデシュに深く関係しており、また現在でも滞在している筈である。また、中東の平和を徹底的に壊し、多くのイスラム教徒を犠牲にしている当事者である。にも拘らず、犠牲になっていない。その理由の検討が不可欠である。

　筆者の推測では、彼らは歴史的に豊富な経験と知識を持っており、恐らく常に身の危険を警戒し、ある意味で危機管理を身に着けて活動している、ということになるのではないか。なぜなら、彼らは歴史的にも、また現在の国際情勢においても世界中で強引なやり方で富を稼ぎ出しており、決して歓迎一辺倒の存在ではない。そのために彼らは、文化的に自己防衛の術を身に着けている、ということになるのだと考えられる。特に、宗教に関しての警戒心は非常に高い。

　筆者がバングラデシュの調査の際にも、彼らの泊まるホテルは最高級で、セキュリティーも非常に厳重で、値段も高く筆者などは近寄れなかった。一方、我々日本人は、バングラデシュは、親日的でありイスラムへの加害者意識、つまり直接的にイラクやシリアの軍事行動に参加していない、という自己認識が有る。故に、相手に対して無防備に近い危機管理状態であった。

　しかし、日本はアメリカの要請で湾岸戦争にも、それ以降のアメリカの中東への介入に、陰に陽に協力しているのである。このリスクを我々日本人は全く自覚的に捉えていないが、立場を変えれば、今回のISのように日本や日本人を敵視する理由は十分に成り立つことも事実である。

　この点が自覚的に認識されない点が、日本人、日本社会の盲点となる。繰り返すが、筆者はテロリスト側に立っているわけではなく、また犠牲者行為を非難するわけでもない。しかし、結果としてひとつしかない尊い命を失った人々は帰ってこない。

　つまり、だれが悪いとかではなく、海外でしかも特に馴染みの薄いイスラム圏でいかに自らの命を守ってゆくか、そのためにはどのような心掛け、知識、状況判断が必要か、という危機管理の視点から論じているのである。第二、第三の犠牲者を出さないために。

　そして、この危機管理が、「世界に宗教的な憎悪をまき散らそうとする」テロリストの戦略に乗らないための我々一人ひとりができる、最高に有効な対抗策と

140　第2部　トピックス　現代の宗教問題

なると信じているからである。

ダッカ事件と日本文化が招く悲劇　では、なぜ今回のダッカ事件がラマダーン中に起きたかという文化的な視点からこの事件を考えよう。

イスラムの断食は、仏教やインドの聖者などの断食とは異なる独自の理由と、方法がある。まず辞書的な意味で検討しよう。平凡社の『新イスラム辞典』には「（断食は）イスラムのイバーダード（いわば信者が宗教的な目的を持って実践しなければならない義務＝引用者の注）の一つで、五柱（六信五行）の第４に挙げられる信者の義務、ムハンマドはメディナへのヒジュラの直後、ユダヤ教徒の制度にならってアーシューラーを断食月と定めたが、バドルの戦いの後、ラマダーン月（９月）を断食の月とした。イスラム教徒はこの一か月間、日の出から日没までの一切の飲食を禁じられ、つばを飲み込むこと、喫煙、性交、意図的な射精も許されない（ただし、日没後は別である＝引用者注）。」ということになっている。

つまり、イスラムの断食は、太陽が地平線に頭を出した瞬間から、日没つまり、地平にその姿を消すまでの間、基本的には空気以外はのどを通してはならない、という非常に厳しいものである。これには多少の例外があるが、一般にはすべてのイスラム教徒が実践しなければならい宗教的な義務（日本的な意味で）と言えるものである。しかも、イスラム暦では、太陽暦と比べると１年ごとに約ひと月のずれを生じるために、ラマダーンの時期が、夏になったり、冬になったりと移動する。そして、丁度2016年は６月から７月はじめがラマダーンであった。しかも、事件のあった日は、ラマダーン最後の金曜日、つまりイスラム教徒の聖なる日であったという点が、非常に重要である。

さてそこで今回の事件を改めて考えることが必要となる。というのもインド亜大陸の夏の暑さ、蒸し暑さ、その過酷な環境において、一切の飲食のみならず唾液さえ喉を通してはならないという断食の厳しさは、日本人にはなかなか想像が難しい。しかも彼らは、断食だからといって日常生活を猶予されるわけではない。

2016年の６月末から７月初頭において久々に体験した気候の厳しさは、随分体に応えた。前日までの気温45度、湿度10％から、いきなりの豪雨（スコール）による湿度の上昇は、まさにサウナ風呂から、ミストサウナへの移動のような感覚である。

3　宗教民族主義の時代と危機管理　*141*

いずれにしても、彼らはそれまでサウナ風呂のような暑さの中で、つばさえ飲めない過酷な断食月を１カ月近く耐えてきた。そのような過酷な気候においてほぼ１カ月間のラマダーンは、確たる宗教心が無いと完遂できないであろう。それが１カ月ほど続いた最後の聖なる金曜日は、いやが上にも信仰心が高まる日である。ダッカ事件があった当日は、まさにこの日であった。

一方、前述の気候の中、犠牲となった方々はといえば、こちらも過酷なバングラデシュの気候の中で、文字通り汗まみれ、ほこりまみれでバングラデシュの人々の暮らしを良くしようと、滝のような汗を流し、漸く迎えた「花の金曜日」、しかも日本から新しいスタッフを迎えての歓迎会も兼ねていた、とすれば、「冷えたビールや、ワインのいっぱいも」というのは、日本的感覚としてはごく自然のことである。いわば「ハナ金」の感覚である。

しかし、ここに大きな落とし穴、不幸への躓きの石があった。つまり、ラマダーンの時期に加え聖なる金曜日に、飲酒をしてしまったということである。つまり、無意識に日本の習慣をバングラデシュに持ち込んだということである。そこには、何の落ち度もないのであるが、宗教文化の危機管理の視点から言うと、大きな問題があった。それは、日本人特有の宗教文化への無関心に起因する行動である。

勿論、そのことが死に値するようなことではない、がしかし、結果として、あの不幸な事件の巻き添えとなり、命を奪われることとなったのである。犯人たちが悪いのは当然であるが、もし、開催日を移すか、場所をさらにセキュリティーの高いホテルのレストランに変えていれば今回の事件には、巻き込まれなかったであろう。その点を筆者は問題としたいのである。

宗教文化への無関心というリスク

本書の視点は、一般論を述べるものではなく、仮に１億分の１であろうが、我々が自らのひとつしかない命を失わないためには、どのような知識や行動をとることが必要であるか、ということを追求する危機管理の立場からの視点である。

ここで、例えば、「今日は、イスラム教徒にとって重要な、ラマダーン最後の金曜日だから、アルコールは控えよう」或いは「どうしてもアルコールが飲みたければ、高級ホテルの最上階のレストランやバーで」という危機管理、或いはラ

142 第２部 トピックス 現代の宗教問題

マダーン明けにしようという決断がなされていれば、今回の事件に巻き込まれることはなかったかもしれない、ということなのである。この点にたどり着くか否かが「宗教文化的危機管理」のポイントである。あらかじめ危険回避のための知識を身に付けるということは、自らの唯一の命を守ることなのである。しかも、それは自分自身の唯一の命を、自ら守る最も基本的なことである。

　というのも日本は、イスラム国やイスラム過激分子の敵と位置づけられているという事実があるからである。これは日本政府が、IS 国の掃討作戦への協力に一歩踏み出した政策をとった時点から始まったが、この点を意外に日本人は認識していない。しかし、過激イスラム分子が日本人を標的にする口実を与えたことは事実である。そして問題は、このような状況の変化に、日本人があまりにも無防備であるということである。言葉を換えれば事の重大さを理解するチャンネルを持っていないということである。

　犠牲者の方を責めているように感じられる読者がいたら、誤解しないでほしい、このような宗教文化に、無頓着、無知、そして宗教的危機に無防備なのは、日本人全体に言えることである。つまり、日本人は、宗教への関心や知識、そして彼らの文化理解とその尊重ということに、あまりにも無知、無関心、無頓着である、ということである。同時にそれは自己認識においても、言えることである。つまり、本書でしばしば触れるように、日本人は自文化の宗教文化にさえ、無頓着であり、無知であり、無自覚である。この点は［１部１：「宗教」は翻訳語であった］において検討したが、日本および日本人がますます国際化しなければならない時に、このような自文化への根本的な無知・無関心こそ、宗教文化の危機管理において、致命的な問題を含んでいるのである。

　いずれにしても、今回の不幸な事件の背後には、日本社会が「宗教文化のリスク管理」という意味で、日本人の無意識下にある宗教への無関心が抱えるリスクであるということである。

　この点は、すでにやや詳しく検討したが、日本では戦前の狂信的な国粋主義、或いは近代神道（私の造語である。一般には国家神道）主義が中心で引き起こされた悲惨な結果から、宗教領域への反省を含めて、思考停止状態を、いわゆる世俗主義と読み替えて、宗教への知識や或いは存在自体に注意を払わないことが、あるべき姿、当然の常識であると教育されてきた教育政策にある。故に、宗教の社

3　宗教民族主義の時代と危機管理　*143*

会的な役割や、精神的な重要性に関して、日本文化および日本人は、基本的に理解できない、共感が持てないという現実がある。つまり、宗教的文化価値への理解や配慮に欠ける点がある、ということである。これは、オウム真理教の事件が起こった時に、なぜ東大卒や、医学部卒、あるいは弁護士のようなエリートが「オウムなんかの宗教に騙されたのか？」というような認識が一世を風靡していたことに通底するものである。

　さらに言えば、イスラム教に関する理解や知識にも大きな欠落がある。これは今後の日本人や日本社会の最も大きなリスクとなると筆者は以前から折に触れて書いてきたが、なかなか理解は得られなかった。その点は筆者の非力を痛感するばかりであるが、良くも悪くも進むグローバル化、それに対抗する民族主義化、さらにそれらが一緒に進むグローカル化時代に、日本社会が真剣に取り組まなければならない重要な課題である、と筆者は考える。

危機管理とダッカ事件　　　今回の事件では、非イスラム教徒には多くの犠牲者を出しながら、イスラム教徒には丁重な扱いがなされたという報道があるのは、前述の点を明確に表しているのである。いずれにしても、イスラム特有の文化の基礎を知り、理解する、そして身の安全のために、注意や警戒を怠らないということが重要である。

　以上のように、今回の事件は日本人を狙ったというよりも、不幸にして日本人が巻き込まれたということであり、その理由の解明こそ重要であり、その解明に我々が身を守る重要なヒントとなるということである。繰り返すが、犠牲にならFれたFFれた方々の無念さを思うと居ても立っても居られない程の怒りや、やるせなさを感じるが、だからこそ、犠牲者の尊い命を無駄にせず、ここから教訓を得て、今後とも自らの身を守りながら、日本人が南・東南アジアというイスラム優勢圏で、さらには発展途上国で、活躍するために不可欠な心構えということになるのではないか、と思われる。

　ちなみに、テロリストと呼ばれる、襲撃者の多くがバングラデシュではかなり裕福な家庭の子弟で、海外留学（欧米に行けないという意味では、超エリートではない点に、彼らなりの屈折がある）体験もしているエリート学生が、このような凶行に及んだことを、いぶかる日本の識者が少なくないが、この見解こそ、日本的な

144　第2部　トピックス　現代の宗教問題

宗教への偏見である。

　この視点は、オウム真理教による一連のテロ事件特に「世界最大の宗教テロ」と言われた「地下鉄サリン事件」のおりにも盛んに言われ、筆者はそのような視点の誤りを指摘した覚えがあるが（『月刊プレジデント』1995.6）、結果的に、日本人は、[１部１：「宗教」は愚者の頼るものか]で検討した、近代以降のイデオロギー的な「宗教観」から未だに、一歩も踏み出していない。この点こそ、宗教知識を持っても、それを現実の行動や判断に結びつけない日本人の潜在的危機であると、筆者は考えるのである。

　ちなみに、イスラムの教理におけるこのような異教徒への憎悪や嫌悪については、歴史的にしばしば見られるものであり、今回の事件もその延長線上において理解する必要があると筆者は考える。ただし、そこまでイスラム教徒を追い詰めてしまう側にも大きな責任があるという点も理解しておく必要がある。

　なぜなら、アフガニスタンのタリバーンにしても、今回の IS の出現にしても、世界へのイスラム・テロの蔓延は、元を正せば欧米先進国の中東への経済的搾取、無謀な軍事介入、国家破壊などがその大きな理由となっている点を、理解しておく必要がある。この点は、日本人は、ほとんど自覚していない。さらに言えば、この問題は、キリスト教文明とイスラム教文明との一千数百年に及ぶ宗教・文明対立の歴史的延長に位置づけられる現象であり、容易に解決できるものではない。筆者はこの文明レベルの対立に、日本のような国は、巻き込まれるべきでなく、あくまでも中立的な立場を貫くべきと考えている。

　いずれにしても、我々日本文化深層構造には、近代以降政治的には否定してきたが、仏教の教えが厳然として存在する。特に無意識下においては、仏教の教えである他者、さらには他の生物への非傷害、不殺、そして慈悲（献身など）の精神を美徳とすることが強調されており、他の宗教も同様な教えがあると考えがちであるが、キリスト教やイスラム教には、自らの正義のためには、自他の犠牲は意に介さない、否むしろ積極的になされるべきという聖戦の思想、自己絶対正当化の思想があることを忘れてはならない。これらは仏教の教えとは、根本的に異なる原理があり、今後はますますそれへの基本的な知識の理解習得が不可欠となる（１部２：キリスト教とは何か、３：イスラム教とは何か参照）。

国際化と危機管理　今後、日本のグローバル化によって、特に今まで直接接することの少なかったイスラム教やその文化の理解は特に重要であり、急務である。

ただし、その時にこれらの知識を単に彼らの主張そのままに直訳的に鸚鵡返しにしても、本当の理解、有益な情報にはならない。知識が腑に落ちるまでになるには、日本人の文化レベルまでかみ砕かなければならないし、またその背景をしっかり身につけねばならない。このような基礎的で、主体的な他者理解、特に宗教文化が絡むことは、日本人の最も苦手とするところであるが。しかし、これをしないとさらなる困難が降りかかることになる、ということを肝に銘じる必要がある。

特に、これからアジア地域への旅行、企業の進出に伴い、イスラムへの基本認識の乏しい、つまり、危機管理の意識の低い日本人が、無意識にとった行動で傷つけられたり、最悪命を失うなどの被害を被ることの可能性が急増している現在、イスラム、さらには宗教文化への危機管理は、大きな国民的課題ではないか、と筆者は考える。いずれにしても、自分の身は、自分で守ることが基本であり、そのための心構えを持つことが国際化への対応の基本である。海外で犠牲になった多くの方々の尊い命を無駄にしないためにも、我々は「宗教文化的危機管理」に留意しなければならない。

イスラム台頭の時代とは

現代社会は19世紀以降世界の中心であった欧米文明の圧倒的な優位が崩れ、代わりにそれらの国々によって植民地支配され、搾取と屈辱を強いられた国々の台頭、具体的には中国、インドそして中・東南アジアの時代となりつつある。さらに宗教的には、非キリスト教諸国の台頭となっている。つまり、イスラム、ヒンドゥー両教に、独自の宗教形態を持つ中国である。この中で、特に政治（イデオロギー）的には中国が、そして宗教的にはイスラム教が、欧米諸国が築き上げてきた体制の挑戦者となっている。

しかし、両者は大きく異なる。つまり、中国は政治的・経済的には独自性を主張するが、宗教面での対立はほとんどなく、その意味で妥協の余地はある。しかし、イスラムの台頭は、現代社会の中核を担う近代文明、その中核となるキリスト教との正統性を争う関係であり、現実的な実利の対立構造の中国とは異なって、文明を支える宗教の相違がある故にその対立構造は非妥協的で、より厳しいものとなる。加えて、イスラム圏は、近代文明との対立を鮮明にするいわゆる原理主義、復古主義が勢力を強めており、さらに人口的にも爆発的な増加を示している地域である。故に、近未来的には、これら地域の台頭が、既存の世界秩序維持に大きな課題を突きつけることは明白である。

　勿論、それは悪いことばかりではない。またこのような変化は、歴史的には文明の大きな転換期に人類が直面してきた問題、ということでもある。とはいえ、大きな地殻変動は不安を伴うものである。まずは、その現象の分析を通じてこの事態を冷静に考える必要がある。

　そこで、注目されるのが、2014年に建国宣言をした IS（イスラム国）の存在である。2018年３月の時点で、イスラム国の勢力は大幅に減じており、一時の勢いはなくなった。しかし、拙著『「格差拡大」とイスラム教』（プレジデント社）でも触れたように、第二、第三のイスラム国は、これからも建国が試みられるであろう。その理由は、まさに文明の大転換の時代、つまり人類社会が移行段階に入ったからである。この点をアメリカの政治学者ハンチントンの言説を引用しつつ考えてみよう。

　欧米における政治学のいわばリーダーのひとりであり、米国の国家戦略を担当していたハンチントン（1927～2008）の次の言葉は、現在世界で起こっている国際政治を動かす原理となった国際社会の多極化という現象を見事に言い表している。その発言はあまりに率直で、そして産業革命以来世界をリードしてきた、近代文明を支えてきた当事者の発言としては、驚くべきものであった。そして、恐らく現在の欧米、つまり西洋文明の優位性というか、世界の西洋化を当然の方向性と考えている人々には、これは筆者も含めてであるが、驚くべき提言ではないだろうか？　以下少々長くなるが、簡潔に引用しよう。

　ハンチントン曰く「二十世紀の政治的イデオロギーの主なものには、自由主義、社会主義、無政府主義、協調組合主義、マルクス主義、共産主義、社会民主主義、

保守主義、ナショナリズム、ファシズム、キリスト教民主主義がある。これらすべては一つの共通点を持っている。いずれも西欧文明の産物だということである。だが主要な宗教のうち、西欧で生まれたものは一つもない。世界の主な宗教は皆非西欧文明の所産であり、ほとんどの宗教が西欧文明の誕生よりも先に生まれている。世界が西欧一辺倒の時期から脱出するにつれ、後期の西欧文明の特徴だったイデオロギーは力を失い、その代りに宗教をはじめとする文化的な基盤をもつアイディンティティや責任感が幅をきかせるようになる。宗教と国際政治を切り離したウエストファリア条約体制は西欧文明に特有の現象であるが、この体制も終わろうとしており、エドワード・モーティマーが言うように、宗教が『ますます国際問題にわりこんできそう』な気配である。」（『文明の衝突』集英社、p.73）

　この言葉の現実味は、2014年のイスラム国の台頭のみならず、世界各地に展開するイスラム復古運動現象の核心に迫っている。そして、それのみならず、中国、インドなどの独自の文明を持つ地域、それは同時に独自の宗教伝統を持つ地域でもあるが、これらの台頭の意味を明確に示している。一方で、近代文明の現代社会における守護者、あるいは代表者であるアメリカ社会が、ハンチントンの言う文明の転換を象徴しているようにも思われる。つまり、「アメリカン・ファースト（自国利益第一主義）」を露骨に主張し、従来の近代文明の守護者的役割を放棄したトランプ政権の主張に、その変化が象徴されているのではないだろうか。

　いずれにしても、19世紀以降形成されてきた近代文明的支配の構造は、新たな局面を迎えている。その象徴のひとつに、イスラム国の出現がある。

イスラム国の源流に通じるもの　　ハンチントンはイスラム圏で猛威を振るうイスラムの過激派集団と非イスラム諸国で言うところの、所謂イスラム原理主義集団や、それを母体としてさらに一段階成長グレードアップした、イスラム国の直接的な発生原因理解に極めて有益な情報を提供する。つまり1979年の旧ソ連軍のアフガニスタン侵攻に対しての戦いにおいて、それは「民主主義や社会主義の基準ではなく」、イスラムの行動規範に基づいての、外国勢力に対して成功した初めての抵抗だった。それはジハード（聖戦）として戦われ、19世紀以降キリスト教国である欧米列強に支配され停滞していたイスラムの、自信と勢力拡大が飛躍的に高まることとなった。「この戦争がイスラム世界に与えた衝撃は、一九

〇五年に日本がロシアに勝った時に東洋世界に与えた衝撃にも劣らぬものだった。西欧は自由世界の勝利と思ったのだが、イスラム教徒はイスラムの勝利だと考えたのである。」（同 p.374）と極めて鋭い指摘を行っている。

　さらにハンチントンはこの一文に続き、この反ソ連、さらには反共の戦いのためにかかった費用の多くが、サウジアラビアから提供され、それに加えアメリカの軍事技術、そしてムスリムの宗教的な情熱が、この困難な戦争を勝利に導いたと解説する。そしてさらに重要なことを指摘する。つまり「この戦いの後に残ったものは、イスラム教徒の不気味な連合で、すべての非イスラム教徒軍にたいしてイスラムの大義を主張しようとしていた。」（同）という当時の状況の説明である。この認識にその後の国際情勢を考え合わせると、国際社会の現状理解に重要なヒントを与えてくれる。

　つまり、この戦争の勝利が、彼らに「自分たちがなしとげたことから生まれる力と自信に満ちた昂揚感と、更なる勝利を収めたいという突き上げるような願望」（同）が、それまで眠っていた敗北感からの脱出の自信を、イスラム教徒に植え付けたのである。ハンチントンによればアフガン戦争は、共産主義国家と自由主義国家、それにイスラム国家が加わった文明の衝突となったが、さらにその後の第一次（2003年の第二次）湾岸戦争も「文明の衝突になった」（同 p.375）となる。しかし、今度は「イスラム教徒は、イスラム教徒の紛争に西欧が軍事的に介入し、西欧人は圧倒的に介入を支持し、世界中のイスラム教徒は、その介入を自分たちに対する戦争だとみなして、新たな西欧帝国主義と考え、団結して反対した。」（同）と分析している。この指摘には、今回のイスラム国誕生に直結するイスラム教徒の心情と政治的、軍事的な背景が、簡潔に述べられている。つまり、このような宗教文明対立が、今後戦争の背景になる、ということをハンチントンは指摘するのである。

　勿論、ハンチントンの主張には反論も少なくない。しかし、西洋列強による植民地支配が、キリスト教の布教、拡大の意図を潜在的に共有していたことは事実である。そして、東洋の非キリスト教国の日本が、如何に疑似近代西洋文明化していたとはいえ、ロシアを打ち破ったという現実（日露戦争1904〜1905）が、植民地政策や、その支配に苦しみ、半ばその状況に屈しようとしていたトルコやインドの民衆に、大きな希望を与えたという事実と、今回のイスラムの勝利は文明

4　イスラム台頭の時代とは　*149*

的な意味で重なる部分があることは、否定できない事実であろう。

　というのもハンチントンは、西洋文明の衰退とイスラム文明の再興は、連続した現象であると指摘する。つまり、19世紀以来世界中で西洋文明が模倣されたのは「西欧の価値観や社会制度を他文化の民族が受け入れてきたのは、彼らがそれを西欧の力と富の源泉だとみなしたからである。」（同 p.133）しかし、「西欧の力が衰退すれば、人権や自由主義、民主主義のような西洋の概念を他の文明に強要する力もまた弱まるだろうし、非西洋文明もこれらにたいして、かつてほどの価値を見出さなくなる」（同）ということである。そして、その状況が、特にイスラム文明圏において顕著となっているのである。さらに言えば、世界各地において台頭する非民主主義的な民族主義運動、そしてその政権の成立がこの事実を明確に表している。しかも、近代西洋文明が推し進めてきた理念の限界現象が、その中心国あるいは、その周辺からも生まれている。特に、アメリカン・ファーストを掲げるトランプ大統領のアメリカがその急先鋒にあることは、皮肉である。これはそれまでアメリカが中心となって進めてきた近代精神の否定につながるのである。勿論、それは先述の近代精神のもう一方の動きであり、ナチズムや排他的専制主義を生んだ共産主義を生んだ精神性である。

　今後予想される展開は、世界中で復活する形骸化した民族主義と大衆迎合政党の台頭やその政権の誕生、そしてその勢力の西洋諸国内での勢力拡大である。勿論、実はこの現象は、日本も例外ではない。この点に関しては、日本人は自己認識が不足している。筆者は、この点を憂慮しており、日本が再び歪な近代神道主義的な熱病に罹らないように、以前から拙著で警鐘を鳴らしてきた。本書も同様である。

　いずれにしてもこのような世界状況の中で、イスラム国の存在も考察する必要がある。つまり、イスラム圏における宗教民族主義形態が、イスラム主義（特に、政治的にはカリフ制の復活）を政治的に体現したイスラム国の建国であった、と言える。つまり、イスラム国の建国宣言は、19世紀以来続いた西洋文明、つまり近代キリスト教文明によるイスラム文明圏の蹂躙に対して、イスラム側からの反撃という意味合いがある。それ故に、イスラム国はカリフ制の復活を旗印としたのである。

　勿論、その内実は極めて暴力的で未熟、独善的であったことは不幸なことであ

り、現実的にはイスラムの理想を、同国がどれほど実現できたかは不明である。しかし、現実はともあれ、その理想や主張には、世界のムスリムの共感を得る理由があることもまた否定できない。

このような宗教的な背景を持つ反西洋近代（キリスト教）文明、さらにはその優位に対する、イスラムのみならず他の宗教文明からの挑戦は今後、政治、経済、文化さらには宗教信仰というあらゆる領域で活発となるであろう。その兆候が、昨今世界中に急激に台頭してき自国第一主義的な政治の流れであり、その背後にあるのが新しい民族主義の復活であり、それらを含めて宗教文明の再登場ということである。

イスラム国の理想と現実　2018年6月の時点で、イスラム国は事実上壊滅状態である。しかし、これはいわば第一次イスラム国の終焉であり、第二・第三のイスラム国のようなイスラム主義の国家の出現が見られるであろう。もっとも、この種のイスラム復興をめざす国家の出現は、すでに1979年のイラン革命によるイラン・イスラム共和国の建国に、先例を見る。この点はユルゲンスマイヤー等の研究で分析されている。もっともイラン革命はシーア派主導であり、そもそも神権政治的な要素が強く、政権の中枢もムハンマドの血統を重視する宗派であり、少数であるという点でやや特殊であった。

その点でイスラム国はイスラムの約9割が属する多数派スンニ派であり、イスラム社会で一定の賛同を得ているということは、注目すべき点がある。

いずれにしても、両者の違いを超えて、イスラム教徒を反西洋文明運動として、一元化させる背景があるということである。それが、アメリカをはじめとする利己的な中東における軍事行動への反発である。つまり、中東を主戦場として多くのイスラム教徒が巻き込まれているという現実への批判は、非イスラム教徒には想像以上のものがあるであろう。ところが、欧米主導のニュースソースでは、その点は明らかになりにくい。そして、それらを主なニュース源とする日本社会には、その状況の中立的な理解は難しいのも事実である。

確かに、イスラム国は、初期のイスラム軍が行ったような奴隷売買や異教徒（異端も含めて）に過酷な対応をとったが、それは彼らがイスラムの初期を原理主義的に理想としている限り、イスラム史的には、異例なことではないし、イスラム

4　イスラム台頭の時代とは　*151*

法上は、非法な行為ではない。それは筆者のようなインド中世の研究を行う者にとってある意味で、文献で日常的に知ることのできる情報である。

むしろ、イスラム国が近代的な国家としても十分機能する国家機能を一時的ではあっても、それを構築したという点がむしろ注目される。つまり、独自の貨幣を発行し、徴税機能を持ち、積極的に世界に情報を発信し、その存在感を示した、ということである。

確かに、実際の運用は稚拙であった。しかし、彼らが欧米諸国を宗教的なレベルから敵対する路線をとらず、多少融和的な政策をとっていたなら、事態はもう少し違っていたであろう。同様なことは、アフガニスタンにおいて、反ソ連の急先鋒として、タリバーン勢力にも言えることである。

いずれにしても、イスラム国の建国は、野蛮なイスラム原理主義者の狂信政権、というような浅薄な説明では理解できないものである。勿論、国際政治的には、中東には豊富な埋蔵量を持つイラクの富をめぐる権益闘争があり、イスラム内の宗派、部族対立、さらに欧米ロという大国の思惑が複雑に絡んでいた。しかし、さらに言えば、前述のように自信を取り戻してきたイスラム教徒の自立の現れであり、近代西洋キリスト教文明からの離脱をめざす、イスラム文明による独立宣言ということも言えるのである。故に、過激な原理主義国家イスラム国を排除すれば、当該地域の問題は解決し、平和な社会が戻るというようなことではない。今でも、当該地域では多くの犠牲者が生まれており、非戦闘員の犠牲は続いている。

その結果、多くの難民や移民が世界に散らばり、ブーメランのように西洋地域に深刻な問題として帰っている。しかし、この点の反省は、国際社会にどれほど認識されているか筆者にはわからない。筆者は、かつて1980年代初頭のインドにおいて、シク教徒とインド政府との独立（シク教徒の独立国、カリスタン国の建設が焦点となった）が絡んだパンジャブ動乱（実質的な内乱状態）を直接体験したが、この問題も解決に十数年を要した。

イスラム国に象徴される問題は、それを遥かにしのぐ規模で展開されている。そして、多くの一般市民がその紛争に巻き込まれている、ということに焦点を当てることが、解決の第一歩として必要である。

イスラムにおける原理主義　イスラムの問題は、あらゆる法が『コーラン』以来の膨大な法律の直接的な延長にある、つまりそれらに反しないということを最重要課題とするために、世界の変化に対応が遅くなるという点である。つまり、イスラムの法体系は、『コーラン』を核に、ムハンマドの言行（スンナ）を記録した『ハディース』、そしてイスラム法学者の合議によって定められた法解釈（イジュマー：合議）さらに、法学者が集まれない時などに、仮に集まって議論したらこうなるであろうと類推することで導かれるもの（キヤース：類推）……と続く。原則として、あらゆる問題は、これらの解釈法に沿って新たな解釈が付け加えられてゆく。

　それは、イスラム独自の法概念である。つまり、この世の生活が即、神による救済に直結するために、わずかでも法に反した行いはできないと考えるのである。だが、実際の生活スタイルは変化するので、現実は、新しい法解釈が必要となり、次々に堆積し、膨大な量になる。

　例えば、最近マレーシア人の宇宙飛行士が宇宙で、いつ礼拝をしたらいいのかという問題が持ち上がった。祈りは日々の義務であるから、やらねばならないがムハンマドの時代には、宇宙船はなかったので、どうしてよいかわからない。そこで、インドネシアの法学者が会議をして、マレー人だからクアラルンプールの標準時間に合わせて礼拝することに決めた。これで飛行士は安心して宇宙でイスラム教徒として活動できることとなった。さもないと日の出前、とか日の入り後、などという規定では、２時間ほどで地球を回ってしまう人工衛星では、祈っているうちに１日が過ぎてしまうことになりかねない。

　このような極端な事例はともかく、イスラムにおける法は、救済と関係しているので、個々の事例に合った解釈が要求されるのである。

　そこで、膨大な法解釈が生み出される。しかし、あまりに荷重がかかり過ぎるコンピューターソフトの起動が遅いのと同じで、社会が停滞する。そこで、ある時、すべての蓄積を棄てて身軽になるという運動が起こる。これが原理主義運動である。彼らは『コーラン』に帰れと言うが、それは『コーラン』とムハンマドのスンナ以外の法解釈の蓄積を全部削除して、新たな法の解釈を付け加えるという行為にほかならない。

　イスラム原理主義が、常に『コーラン』に帰れと言いつつ、新しい価値観をど

4　イスラム台頭の時代とは　*153*

んどん取り入れてゆくのは、新しい生き方をとれるように、古いものを削除する運動である。我々が現在原理主義と呼ぶ運動は、このように歴史上しばしば、繰り返されてきたイスラム改革運動のひとつである。もっとも、これはイスラムに限ったことではない。しかし、啓典の宗教の中で特に聖典へのこだわりが強い、イスラムに特に強い特徴である。

⑤ 近代文明と近代資本主義経済

世俗主義の宗教性　よくイスラム教、あるいはイスラム文明は、キリスト教やその生み出した文明である近代西洋キリスト教文明の「合わせ鏡」であると言われる。

　というのも、アブラハムの宗教という同じ根っこを共有する２つの樹木のように、キリスト教とイスラム教は、比較することで相互の相違をより明確にできる関係である。さらには、この比較によって初めて、近代文明の特殊性や特徴が顕わになるということである。

　しばしば指摘したように近代文明の根本は、主にプロテスタント文化圏において醸成されたものである。その特徴は幾つかあるがその最たるものが、日常生活における宗教権威からの脱却、その実はローマ・カトリック教会の支配からの脱却にある、とされる。これを一般には世俗化と呼ぶのであるが、やや誤解を生じやすい名称である。というのも、その意味は、それまで人間の日常生活のすべてを支配してきたカトリック教会という宗教権威の支配の構造から、一人ひとりの人間が神への直接の信仰によって解放され、真の意味で個々人が神と向き合い、日常生活を救いの場とする構造を世俗化と呼ぶのである。この考えは、ユダヤ教の原点に近く、イスラム教にも強く意識されているアブラハムの宗教の原点である。

　プロテスタントによれば、カトリック教会による救いの構造は、アブラハムの宗教伝統に異教の要素が混入されたものである。故に、カトリック教会制度は否定されるべきものとなる。特に、宗教エリートの神父などが、救済の仲立ち、つ

154　第２部　トピックス　現代の宗教問題

まり仲保者として神と信徒の間に介在する制度を否定し、個々人が自分の救いには自分で責任を持つという考えを推し進めた。これがいわゆる世俗化と呼ばれるものである。だから、日常生活から教会の支配力を排除し、一人ひとりが日々の生活において救いの務めを果たすことが重要となる。ただし、キリスト教には、その具体的な戒律に当たるものがほとんどないので、結果的に職業が重視されることとなった。その基本には、神は人間を救うためにこの世を救いの場として、創造され人間に託したという、人間中心の基本的な大原則がある（これは古来宗教の語源解釈とも通底する）。それ故に、人間（特に、プロテスタント信者）は、この地上において神の代理として自らに備わった理性によって、自己をそして世界を支配運営する権限を持つ、あるいは神からその力を付与された（これをスチュワードシップと言う）とする選民思想ならぬ選人思想を基本としている。これが世俗主義の基本思想である。

　この考え方は、さらに2つの方向に展開する。つまり、この世における生活は、人間中心になされるべきであるという解釈から、宗教は個人の内面や祭礼などの儀礼の空間に後退する。これがフランスの世俗主義やマルクス主義の史的唯物論における世俗主義の解釈である。特に、共産主義では一切の宗教は否定され、極端な人間中心の世俗主義が断行された。

　しかし、他方同じ世俗主義でも全く逆の方向性がある。それは信徒一人ひとりが、自分の救済は自分で責任を持つ、つまり教会支配から解放された時、かえって神と直接結びつき、日常生活から宗教性を排除するのではなく、日常生活を宗教生活と同一視する方向を生み出した。これを日常の聖化と言い、具体的にはルターの召命（ベルーフ）思想などに象徴される。

　こうなると、日常生活すべてがあたかも修道院の修行僧の修行徳目のように、真剣に神と向き合い、天国への救済行となる。だから日常生活や日常倫理が、極めて厳密に『聖書』の記述と合致することが求められる。所謂『聖書』至上主義や『聖書』の精神に帰れというキリスト教の原理主義的発想となる。

　そして、この傾向が最も強いグループのひとつが実質的に今日のアメリカを形成したピューリタン（純粋という意味は、聖書の精神に純粋、混じりけがないという意味。彼らは普遍主義的で、他宗教に比較的寛容なカトリックを不純であると非難していた）たちである。彼らは、『聖書』の記述をあまりにも純粋に解釈し、その理

想を追い求めたために、本国を追われ、あるいは捨て、第二のカナン、神との約束の土地、つまり新天地アメリカをめざした。

そしてそこで『聖書』を絶対視し、その記述の無謬性、つまり『聖書』の記述には一切間違いはなく、すべて神の真実の言葉が記されている、という強烈な信仰を持った共同体の構築をめざした。これがアメリカの建国の精神である。つまり、アメリカは今流に言えばキリスト教原理主義国家という成り立ちを持っている。このいわばアメリカのDNAともいうべき要素は、歴史的には消えることなく今日に継承されている。その一端がトランプ大統領にみられるアメリカの独善的とも言える自国中心主義である。

また、アメリカのこの原理主義運動、いわゆる宗教右派が、アメリカで大きな政治的な発言権を持つのもこのためである。例えば、J・W・ブッシュ大統領に大きな影響力を持っていた福音主義などは、この典型である。そのことが、同様な思考のアブラハムの宗教的原理主義であるイスラムの原理主義との対決を一層鋭く際立たせているということは、否定できない。どちらもアブラハム系の宗教で、排他的一神教のその中でも、特に選民意識や排他性、自己の絶対正当化を基本思想に持つ人々だからである。

プロテスタントの救いと経済

21世紀のグローバル社会において、経済活動は地球規模の広がりと相互ネットワークによって一層顕著となっている。しかし、その関係は、必ずしも互恵的、あるいは相利共生的な関係にはなっていない。つまり富の一極集中が過度に進み、アメリカでは上位1％の富者が、その他99％の人々の富の総計を遥かに上回るとまで言われている。特に、金融資本主義と言われるIT時代の資本主義は、本来物と物との交換を円滑にするための手段であった貨幣が、限りなく膨張し、貨幣という一種の幻想、実態を記号化したという意味では、まさに情報そのものであるが、物という現物、事実を離れて、勝手に膨張するという幻想経済ともいうべき経済形態を生み出している。

そこで、以下で何故このような貨幣、さらには金融が膨張する経済形態が近代資本主義を形成する原動力となったのかについて、宗教学的な視点から考えてゆきたい。

近代資本主義の特性を明確に表しているのが、アメリカの社会である。前述の

ように、アメリカ社会は、プロテスタントの精神を純粋に展開するために、ヨーロッパから移住した人々によって形成された。その意味でアメリカ社会、特にアメリカ経済はアメリカ文化の中心となる。

このアメリカでは福沢諭吉（1834～1901）が指摘するように「アメリカでは、国中が経済優先で、母親は子供に1セントでも多く稼ぐことを特に教育の中心としている」というような感想を述べている。武士の福沢にとって、商人のように金銭にこだわるアメリカ文化は、卑賤に見えたのであろう。

では何故、彼らはそれほどまでに金銭の獲得、あるいは利殖にこだわったのであろうか？　しかし、一方でアメリカには、巨額個人資産の公共化の動き、つまりビル・ゲイツ、ウォーレン・バフェット両氏に加え、アメリカ型資本主義の権化とも言うべきジョージ・ソロス氏（1930～　）の存在も、決して忘れてはならないであろう。彼らは自ら設立した慈善団体を通じて、巨額の援助を貧困対策に使っている。

このソロス氏は、株式投資家のひとりとして、バフェット氏に比肩される存在である。彼は、投資会社を設立し、あらゆる経済活動において大成功を博した「伝説の投資家」である。彼は1992年の英国ポンドの空売りで巨額の利益を得たり、1997年のアジア危機では、ヘッジファンドを率いてアジア経済を混乱させて、巨額の利益を得たことでも有名である。その彼が、稼いだ資本の多くを慈善事業につぎ込むということは、ゲイツ、バフェット氏同様不可思議なことである。それに対して「過去のヘッジファンド活動で多くの批判を浴びた罪滅ぼしの意味もあるのでは」という意地悪な質問にソロス氏は「そんな必要はまったくない。私は常にルールに沿って動いてきたし、ルールを改善することにも関心を持ってきた。市場参加者として、利益をあげることに注力してきたのは不道徳ではない、市場というところは道徳の支配しているところではない」（朝日新聞2006.10.18）と述べている。

以上の一見矛盾する現象の理解には、彼らの救済論を知る必要がある。特に、近代経済システムの暴走の背景には、予定説という救済理論がある。これは神の救いは予め定められており、人間の行為には左右されないという教えである。神学的には神の絶対性を示す教えであるが、一方で人間の努力を否定する教えでもある。しかし、神はその慈愛により救済対象者をほのめかす。それはある種の社

5　近代文明と近代資本主義経済　157

会的成功となる。特に、商人階級が多かったプロテスタントにとって、それは貨幣の多寡によって示されると考えられた。彼らは「救いの証し」と推測される貨幣を求め、なり振り構わず経済的な利益を追及した。これが近代資本主義の精神の基本となる。しかし、自らの救いが確信できれば、過剰の貨幣は不要となり、それを放棄することも辞さない。このような経済観を明確に表しているのが、アメリカ社会である。

　いずれにしても、この予定説に支えられた経済活動は、以下で示すように宗教的な救いと経済的な救い、つまり成功が連動するという新しい経済形態を発展させた。以下ではそれについて検討する。

神の見えざる手と合成の誤謬

近代資本主義経済は、歴史上経済恐慌という大きな破綻をしばしば繰り返した。21世紀に入っても、2001〜2年のエンロン事件、そしてさらに大きい2008年のリーマンショックである。エンロン事件は、エンロン社が利益を上げるために様々な不正を意図的に行ったために起きた事件であったが、その結果野放し状態であった企業活動に、公的機関の監視の目を導入する切っ掛けとなった。所謂コーポレートガバナンス（企業統治）の導入である。ただ、コーポレートガバナンスでは、企業自体を外から監視するだけで、その行動を倫理道徳的に内面から規制することはできなかった。

　その結果とまでは言えないが、ジャンク債と呼ばれる価値の低い債券を巧妙に売り込んで、結果的にアメリカ金融界を破綻に追い込んだリーマンショックと呼ばれる大事件が発生した。この事件は、リーマンブラザースという巨大金融企業の破綻に象徴されるように、大きな打撃をアメリカ経済のみならず世界経済に与えた。この事件にも、目先の経済優先の伝統的な倫理道徳欠如の経済運営があった。しかし、なぜ近代経済体制は、過剰な経済活動とその破綻を繰り返すのであろうか？　そのメカニズムの根本は、近代資本主義経済体制の行動にある、と筆者は考えている。

　それは「神の見えざる手」という言葉に象徴されている。

　ヨーロッパの近代は周知のように、宗教改革によって幕が切って落とされた。以後、キリスト教教会が日常のすべてを支配するカトリック的世界観から、神への信仰を基礎に個人の努力次第で生き方が自由に選べるという世俗化社会の中で

生きられることとなった。つまり、プロテスタントの教えでは、「唯一絶対の神の救済」も個人単位の努力に帰せられることとなる。それは「神の救い」は、個人の努力と、その結果と強くリンクする救済構造である。故に個々人は、自分の救いのために他者に気兼ねなく、ということは他の助けもなく孤独に邁進することとなる。

　ここに個人意識、さらには個人の自律、つまり個人が唯一絶対の神と直接自らの救いのために努力し、神と最終的に対峙するという厳しい倫理も生まれる。そして、そのためには個人は、自らの救いのための努力を何人からも阻害されないという前提、つまり自由な世界が必要条件となる。これが近代西洋流の自由主義思想である。その結果、近代的な「自我」観が育まれることとなる。さらに言えば、個々人の努力が個別に認められる、保証されるという意味で、「個人主義思想」が生まれる。しかもこの条件は、すべての人間に神により一律に保証されているという意味で、神の前に平等の条件である。これが近代西洋における平等主義の思想の基礎である。その結果、前述の通り個々人の努力が、個人の業績として保証されることとなり、経済的にはこれが「私有財産制」の基礎となる。このようにプロテスタント的な教えでは、徹底した個人の活動が何より重視されねばならず、そのために経済のみならず政治世界においても、これを保証する制度が求められた。その結果として民主主義・法治主義・近代資本主義などの近代的社会システムが生み出されることとなる。

　しかし、このプロテスタント的な救済構造は、個人重視という点では大きな進歩であるが、同時に大きな危険を生み出す。なぜならこの社会では、全体への視点のない個人がひたすら自己の利益の追求に邁進することが、宗教的にも現実生活においても最重要課題、否、義務となるからである。その結果、「合成の誤謬」と言われる現象が起こるからである。

バブルを生み出す救済論理　　近代文明下における経済活動は、教会支配から解放されたプロテスタントの教えを推進役としてきた。これが近代資本主義である。その基本は「分業構造」と「神の見えざる手」という言葉に集約できる。

　先に触れた「合成の誤謬」は、実は「分業」と「神の見えざる手」の結果生じる現象である。というのもこの思想は、プロテスタントによって世俗化された救

済観が、経済活動に援用された、あるいはそれと一体化した現象を指す言葉であると、筆者は考えている。

　つまり、それまで神の支配を代替する教会によって総合的にコントロールされた諸々の価値観は、世俗化された世界では個々人の自律、つまり個人が神と直接救いの条件交渉をするという厳しい倫理、所謂プロテスタント的な倫理に置き換わり、個人あるいは、個々の集団レベルで完結するものとなる。ここに近代的な個人主義的なシステムの淵源がある。

　またすでに述べたように、繰り返しになるが、個人レベルでは近代的な「自我」が育まれ、その結果個々人の努力が、自己の救済を決定するという意味で、個人主義、私有財産制という経済の大原則が確立する。はなはだ楽観的な人間観である。

　それは近代資本主義経済にとっては基本であるが、同時に大きな危険を生み出した。つまり、このシステムではだれも全体調和ということを考える必要がないからである。なぜならそれは、絶対の力を持つ神の領域であるからである。そこで、個々人の暴走が必然的に生まれるというわけである。これが、筆者が考える「合成の誤謬」の起源である。筆者はこれを「部分最適全体最悪」と表現する。ここでは個々人は、与えられた職業を通じて、自らの利益のために最善を尽くすことのみに専念すればよく、あとは全知全能の調整に任せることになる。それが「神の見えざる手」と表現される極めて楽観的な近代資本主義を支えるプロテスタント的世界観である。しかし、現実に「神の見えざる手」は、人間に都合よく働かない。

　故に、結果的に神の意志は個々人が、自らの責任で斟酌しなければならない。それは結果として、自己が自己を評価するという、自己撞着な論理になり、自我の増大つまり利己主義の肯定化が起きることとなる。そして自己に甘い解釈が繰り返されてゆくことになる。それが、バブル経済を生む構造である。

　いずれにしてもこの自由競争の原理と経済的には分業の原理は基本的に近代の経済構造の基本である。その結果、競争が激化し、他者を自己責任の名のもとに踏みにじることさえ、許される土壌が生まれる。他者を憐れむような連帯性は、後退し、自己の救いの実に専念する利己的な人格、企業、または社会が生まれるのである。しかもそれが、宗教的な義務、救いの道であるというわけである。そ

160　第2部　トピックス　現代の宗教問題

の結果、個人も集団も、独善化しそれぞれに独立し、全体の調和が図られずに暴走する。これが、合成の誤謬を生む世界である。そしてこの問題点のためにマルクス等が、逆に共産主義を唱えたのであるが、発想を裏返しただけなので問題点は解消されなかった。

いずれにしてもオランダ移民の文化が強かったグラスゴー大学で、アダム・スミス（1723～1790）が『国富論』において説いた分業論は、彼らオランダ系のプロテスタントの宗教倫理との関係が強いとされる。確かに生産効率という意味で、分業は合理的であるが、それらを総合した時の完成品の需要というようなことは論じない。人々は自由に自らに与えられた職業（聖職）に忠実に働く、その結果製品の増大が一時的な幸福を生むが、全体を考えるのは神の領域なのでだれもそれを考えない。その結果、製品の過剰がバブルを生むということにつながることをだれも止められない。

ちなみに、この危険性を熟知していたアダム・スミスは、今日の経済学のバイブル的存在である『国富論』の前提として、『道徳情操（感情）論』において、欲望の過剰や暴走を抑える倫理道徳の重要性を説いているが、後の人々はこの警告を無視してきた。

とはいえ、プロテスタント的な救済論としての構造に欠陥があるというのではない。しかし、日常生活に救いの道を見出そうとするプロテスタント的な生活倫理では、経済活動が宗教的情熱をもって希求されることで、その暴走に歯止めがかからない状況となる危険性を孕むのである。

その証左が、有名な、オランダのチューリップ事件である。当時ひとつのチューリップで、家が数軒も買えるほど高騰したのである。1637年のことである。このオランダのチューリップ事件以来、先のリーマンショックまでのことを思い出していただくとよくわかる。倫理的な歯止めがかからないというより、日常倫理以上に経済倫理が優先し、欲望の暴走に宗教倫理が転用されるという現象が起こる。結果として、自由競争は、このように弱肉強食の修羅の世界と化す。一部の知者や強者が、自己責任という言葉を大義として、圧倒的多数を犠牲にすることとなる。

魚の原理と分業論　　インドの古典では、これを「魚の法」と言って否定し

5　近代文明と近代資本主義経済　*161*

ている。その言うところは、弱肉強食では結果的に強者すらも滅んでしまうからである。この「魚の法（マッチャ・ダルマ）」とは、水槽に捕食関係にある大小の魚が入れてある状態を設定する。実はこれがこの世界の模型ということになる。この水槽では、小さい魚は、中型の魚に捕食され、さらにその中型は大型の魚に補食されるという関係にある。故に、上位の魚は強い故に、節制しないと水槽のバランスが壊れてしまい、結果として最強の魚、最上位の魚も獲物がなくなり餓死することになる、という教えである。

　つまり、経済という水槽で、強者も弱者も同じ条件で、自由に動くことが結果としてすべてが滅んでしまう、ということである。それは釈尊が言うように「正しい方法で、正しく稼ぎ、自らと家族、使用人、そして社会全体を養うこと」にほかならない。だから、自分だけが良いというようなことだけでは、経済は成り立たない。互いが譲歩し、様々な関係性を考慮し、倫理的に運営することが大事なのである。

　その倫理とは、他者を思いやる心を基本とする。仏教で言えば慈悲の心を基本として、経済活動を行うということである。この点日本には、近江商人の「三方よし」という教えがある。この教えこそまさにそれである。生産者、流通者、消費者のすべてに利益があることが、経済の役目である、ということである。

⑥　インド哲学と経済学の出会い

　経済学の祖であるアダム・スミスに代表される経済学者は「数学や物理学の影響をうけていた政治算術は、経済的な現象を……非人格的な経済力にあたらしい計算法を適用する科学者として、……」（トーニー『宗教と資本主義の興隆』岩波文庫、p.37）と表現されるように、新しい経済の方向性を作っていった。

　以来、近代経済学は、経済から倫理性を排除し、科学的あるいは理性主義的な客観性を、キリスト教神学における神の地位に据えて、経済の学を構築し、現実の経済活動を牽引した。その結果とまでは言えないにしても、産業革命とそれによって生まれた経済活動、すなわち近代資本主義経済は、他地域における既存の

経済社会を、時に暴力、時に文明（本来はヨーロッパの文化であるが、これが文明という普遍性を持った）力によって崩壊させ、世界各地を植民地化し、つまり身勝手な合理性を振りかざして富の収奪対象としたのである。

　まさに経済学は、国力の強大化を至上とする近代国家における資本の獲得のための神学的役割を担ったのである。以来200年、現在の経済学は、その結果としてのアメリカなど極少数の先進国の一方的な富の独占状態を作り、実質的に多くの人間の貧困や飢餓状態を、広域かつ大規模に推進してしまった。さらに、環境問題の悪化は、あくことのない財の蓄積を目的合理主義的に追求した経済活動の結果であり、そこには宗教的救いと日常倫理を一体化させた経済活動のいわば必然的帰結点ということもできる。そして、それをバックアップしているのが結果的に倫理性を欠いた経済学ではないだろうか。ちなみに、アダム・スミスは、経済活動に倫理性を重視し『道徳情操（感情）論』と『国富論』をセットで世に送っている。しかし、経済活動にブレーキをかける前者は顧みられず、目的合理主義的な後者は近代資本主義のバイブル的な存在となった。その結果、近代資本主義は功罪相半ばすることとなった。

　ある意味で手段を選ばない蓄財一辺倒の経済学に、再び人間味を加える、つまり経済学に倫理学の要素を再導入して、なおかつ科学としての経済学の合理性を維持発展させたのが、インド出身の経済学者アマルティア・セン博士（1933〜　。以下センと略記）である。センはこの点について近代経済学の発展とともに、倫理的なアプローチの重要性は大幅に低下し、経済学と倫理学との乖離が大きくなったことによって、現在の経済学は本質的に不毛となったと論じている。

　この反省に立って、センは、経済学にインド哲学やインド宗教の精神性を注入し、「経済学に倫理的側面を復権させた功績により、一九九八年アジア人で始めてノーベル経済学賞を受賞」（徳永澄憲ほか『経済学と倫理学』）した。このインド出身の経済学者アマルティア・センの出現は、近代資本主義経済以来、あるいはアダム・スミス以来（これは、先にも検討したように、実はスミスの誤りではなく、後継者の勝手な解釈であった部分が大きい）下降線をたどり、ほとんど無関係とまで言われるようになっていた経済学と倫理学の関係を再び目に見える形で結びつけ、経済学における倫理学の復権を果たしたという評価が与えられている。

　また、彼は「厚生経済学」や「社会選択理論」の権威として活躍する傍ら、「途

上国の貧困・飢饉と経済開発の問題」の解決に勢力的に取り組んでいる。

　以下でセン博士の経済思想を徳永名誉教授（筑波大学）の所説に従って、簡単に検討しよう。

近代経済学の超越としてのセン経済学

　センの経済学に対する認識を先ず紹介すると、その基本スタンスは「経済学は究極的には倫理学や政治学の研究と関連しており、『人間はどのように生きるべきか』という広義の倫理的な問いにつながる人間の動機づけの問題や社会的成果に対する判断の問題に関連する」（徳永、前掲書 p.199）となる。

　これは従来の経済学の視点と根本的に異なるものである。センがこのような経済学、つまり近代資本主義経済学が否定、少なくとも等閑視してきた倫理性を強調する、経済学の概念を形成するまでには、彼の生い立ちやそのバックグラウンドを知る必要がある。

　センは1933年に、東洋人で初めてノーベル賞を授与されたラビンドラナート・タゴール（1861～1941）が設立した、インドのベンガル州にあるシャンティニケタンで生まれた。彼は、このタゴールによって命名された程、センの家族とタゴールとの関係は深く、センもタゴールの学園において多様な教養を身につけた。そして、1943年に悲惨なベンガル大飢饉を経験したことが、彼が経済学を志す転機となったとされている。

　彼はまず、カルカッタで数学と物理学を学び、さらにケンブリッジ大学に移ってから本格的に経済学を学んだ。以来彼の経済学者としての輝かしい業績は、1998年のアジア人初のノーベル経済学賞の受賞まで一気に駆け上がる。

　勿論、彼の業績の特徴的なところは、先にも紹介した経済学、特に「新古典派経済学が実際の経済行動と合理的行動を同一とみなすとともに、きわめて狭く合理的行動を特化することによって合理的な行動を特徴づけようとしている」（同p.200）と、現在の経済学のあり方を根本的なレベルで批判している点にある。特に、通俗的なスミスの理解以来、経済合理性を自己利益の最大化と同一視する考え、いわゆる目的合理主義のアプローチは、必ずしも合理的な方法とはならないと批判する。つまり個々の人間の経済的欲求にそって目的合理主義的に邁進する「合理的経済人」は、全体として社会的には愚か者になる可能性が高い、とい

うことである。これは一般理解としてのスミスの「神の見えざる手」的な楽観主義に対する痛烈な批判であろう。

　勿論、スミスは先に示したように徳性を重視していたことは確かであり、この点は「（自制を含む）『慎慮』の徳と共に、公平な第三者の『共感』を重視していたこと」（同 p.200）を、センは指摘する。そのほかにも彼の専門の厚生経済学の分野における「パレート最適（全体が均衡している状態では、ある人の効用を減少させなくては、他の人のそれを増加させることはできない）理論」への批判など、彼の経済思想には、当然ながら東洋人、特にインド人のメンタリティーが強く現れている、と言われている。それを簡単に言えば自利利他の思想であり、個人の欲望の「空」化つまり、仏教的な思想で言えば慈悲の思想と空の思想の経済学への導入である。

　センと仏教思想の共通性　　セン経済学の真骨頂は「『合理的な愚か者』のアプローチを超えるための厚生経済学を再生させるため」に「近代資本主義を支える自己利益重視の思想」行動に陥らないことが、重要であると説くことである。

　それらは仏教的に言えば自我に拘泥する生き方であり、自己の幸福や自己の利害にとらわれ過ぎていて、かえって自らと周囲つまり、自己と社会双方の利益を損なっているあり方である。一般には修羅道や畜生道と位置づける生き方に対応しよう。センはこのような自我の充足しか価値を見出し得ない、つまり利己主義的な経済のあり方は、健全な経済のあり方として不適当であるとしている。

　さらに健全な経済のあり方には「人間は多様な動機に基づき行動するとし、『共感』と『コミットメント』という２つの倫理的な概念」を導入する。これは「他者への関心が直接自分の厚生に影響を及ぼす場合に対応」する概念である、とする。これは仏教で言う「縁起の思想」の考えである。つまり人間は常に他者との関わりにおいて生きる存在である、前提がありそのためには自己を絶対化してはならない、ということである。つまり、「神の見えざる手」的な個人主義的、利己的な行動に終始することは、最終的に我々は幸福を得られない、という発想である。つまり、利己主義、あるいは自我の否定があって、初めて自己の幸福も成し遂げられるという仏教的な思想との共通点がある。

　また、コミットメントについても基本的には同様なことで、個別的には「自己

6　インド哲学と経済学の出会い　*165*

に不利な選択でも、他者への配慮のために、それを選択する」という視点であるが、これなども仏教では、布施（ダーナ）、インド思想ではセーヴァ（奉仕）として知られる自己犠牲の思想に近似する。

さらに「われわれは広義に定義された福祉あるいは自己利益を超えて、社会正義、ナショナリズム、コミュニティーの福祉などその他の価値を追求する上で、喜んで犠牲を払ってもよいと思うかもしれない。コミットメントを含む自己利益からの離脱は、個人的な福祉や自己利益以外の価値を引き出す」と説明しているが、これは仏教の「自利利他円満具足」なる言葉によって説明される思想である。つまり自らの利益のみの追求に終止していては、世界は存在し得ず、他者と譲り合い協調し合うことで、両者の満足が得られるという発想である。しかもそれが円満具足、つまりより高い次元での幸福を生むということである。

それらはセンの言う「合理的な愚か者」を超える人間像として「社会を構成する他者に対する当為的関心の観念を自己の評価システムに確かに位置づけている個人」（同 p.202）という概念ではないだろうか。

いずれにしてもセンは「経済の交換システムが効率的に働くためには利己心だけでなく、『責任や信頼や規範が必要である。』」としており、従来の経済学が基本としてきた近代的自己、孤独で独立した個我の存在を超えることが、個人も含めて社会全体が幸福となる道である、と説いているように思われる。まさに「菩薩道の経済学」という言葉が当てはまる経済学と言い得よう。

このようにセンの業績は、近代経済学の王道を歩みつつ、その方法論つまり、近代経済学の論理を踏襲しつつ最も根源的な部分から修正を試みた。その意味で、サドルがその著作『イスラム経済論』で、マルクス主義の理論を基調として、イスラム経済学の立場から近代経済学、あるいは近代資本主義経済のあり方を批判したことと、共通点がある。

しかし、サドルの場合はセンのように、近代経済学を自家薬籠中のものとしたというより、イスラム思想にあくまでこだわり、イスラムの経済論をマルクス主義の言葉を借りて表現したレベルにとどまっているように思われる。したがって、彼の著作や思想はイスラム経済を知るには、意味深いものがあるが、近代経済学界に影響を及ぼすことはほとんど望み薄なように思われる。ただし、急進するイスラム諸国における経済を分析するためには、有益な書物である。

166 第2部 トピックス 現代の宗教問題

日本経済発展の奇跡は仏道の思想にあった　日本経済がまだ勢いのあった
1990年代までは、中村元（1912〜1999）、大野信三（1900〜1997）、山本七平（1921
〜1991）、小室直樹（1932〜2010）らが、日本経済の発展の背景には、鈴木正三
（1579〜1655）の主張した「『世俗業即仏業（日常生活そのものが悟り、あるいは救い
の道である）』という思想的バックボーンがある」と説き、多くの人々の共感を得
た時代があった。つまり、日本人にとっては経済活動も修行の道であり、悟り（社
会的・精神的安心）のための手段であるということである。

　事実、日本人は「働き蜂」とか「エコノミックアニマル」などと揶揄されなが
らも、まじめに勤労し、つつましく生活し幸福感と充実感を得ていた。さらに社
会的な繁栄が、国際的にも名声を得ていた。このような状況が崩れていったのが
バブル経済とその崩壊であり、この頃から日本社会では、かつての「勤勉・正直」
から「グレーゾーンでも儲けたもの勝ち」的な「修羅あるいは餓鬼の経済思想」
へと変化していった。つまり、勤労に対する伝統的な意義づけが失われていった
のである。

　以後、日本経済は悲観論の連続で、「失われた20年」などと言われている。た
だし、その間でも、貧富の格差が増大したりはしているものの、全体的に日本社
会の経済的な豊かさは維持されている。要は、その豊かさに満足できない、ある
いは受け止められない人間側にも大きな問題ということではないか？　つまり、
豊かさや幸福度を財貨の多寡でしか測れなくなってしまったということである。

　仏教の開祖ゴータマ・ブッダ（釈尊）は「喩え黄金の雨が降ろうとも、人間の
欲望に満足はない。この理を知って、犀の角のようにただ一人（修行に）励め」
と教えている。つまり、人間の満足とか幸福感は、物質的なものだけではみたさ
れないということである。

　では何が必要かといえば、それはマックス・ウェーバー（1864〜1920）が言う
ように、人間の満足には、2つの財つまり「経済（物質）財」と「救済（精神）
財」とがあり、この2つの総量が、人間の幸福、充実感を生むという考えをもう
一度考える必要があろう。ブータン政府の幸福度指数という発想もこのあたりか
ら生まれているのである（マックス・ウェーバー『世界宗教の経済理論』）。

　以上のように、経済活動の背後には、富を如何に生み出すか、獲得するか、さ
らには最終的にどのように評価するかという価値評価のレベルにおいて、宗教と

深くリンクしていることの一端をご理解いただけるであろう。

7　仏教政治思想とその現れ

日本の窮地を救ったジャヤワルデネ師　アブラハム（セム族）の宗教のような世俗世界への強い関わりを否定して成立した仏教において、仏教が理想とする慈悲や非戦の思想などを現実的な政治世界で生かすことは可能であろうか？可能とすれば、どのような形態があるのか、という点に関しては、インドのアショーカ王の事例が有名である。また、そのほかにも、概説で簡単に紹介した通りである。しかし、単に古代や中世の事例のみならず、現代においてもその事例を見ることができる。しかも、日本が仏教的な政治思想によって救われた事例である。

それは、第2代のスリランカ大統領であった故ジュニアス・リチャード・ジャヤワルデネ（1906～1996）師のことである。同師は、若くしてイギリスの植民地であったセイロンの指導者として、民族の独立をめざして活躍した政治家である。

このジャヤワルデネ師が、第二次世界大戦の敗戦から国際社会への復帰をめざしたサンフランシスコ講和会議（1951年9月）において、日本の救済のために仏教精神により、大きな貢献をした日本の恩人と呼べる政治家である。以下では、現代における仏教政治の事例として、このジャヤワルデネ師について紹介しよう。

ジャヤワルデネ師は、サンフランシスコ講和会議の席上、つまり、第二次世界

ジャヤワルデネ顕彰碑

168　第2部　トピックス　現代の宗教問題

大戦の敗戦国であり、多くの犠牲を生じさせた第二次世界大戦（大東亜戦争）の当事者日本に対して、その責任と賠償を求めるという厳しい懲罰思想が溢れるこの場において「恨みに対して、恨みで答えれば、恨みは止むことが無い。ただ愛に依ってのみ息む。これは永遠の真理である」というゴータマ・ブッダの言葉を引用して、日本への赦しを提案した。この愛（慈悲）による赦しの言葉が、サンフランシスコ講和会議、つまり日本糾弾の場において発せられたのである。しかも、それが単なる演説の１コマではなく、怒りと打算に燃え上がっていた戦勝国の人々の心を鎮め、彼らの心に、日本への理解と赦しの心を呼び起こしたのである。

　つまり、日本という敵を裁き、敗者に重い制裁を科した上でなければ、赦しを与えないという、そのような裁きの場において、ジャヤワルデネ師は、愛（慈悲）の心で日本への赦しを訴えかけたのである。その構成メンバーは、自国民を数十万、数百万と犠牲にし、また物資的にも多くの犠牲を払った被害国の代表者がほとんどであった。敗戦後５年が経過して、ようやくこのサンフランシスコ講和会議において、心からの謝罪と応分の賠償によって、何とか赦されるまでに、日本の戦争責任の追及が緩和された時期であったことは事実である。もっとも中には、ソ連などが、日本の分割統治を画策しており、日本の置かれた状況は危機的なものであったとも言われる。ただ、この時すでに、後に世界を二分する冷戦構造が出現し、自由主義陣営の要のひとつとして日本を国際社会に復活させたいと願うアメリカの世界戦略で、日本への寛容な対応が画策されたことも事実である。しかし、国際会議の席上では、そのようなアメリカの意図とは関係なく、日本への恨み、不満を抱く国々が多くあったのである。

　このような中で、セイロン（現在のスリランカ）代表のジャヤワルデネ師が、この崇高な仏教の慈悲、愛の教えを引用し、戦争被害への賠償を放棄することを宣言したのである。

　並みいる参加者は、その崇高さに心打たれ、会場の雰囲気は一変したというのである。人々が憎しみと復讐心に燃えていたその時に、日本への愛と赦しを、単なる政治的な駆け引きや国際関係上の打算ではなく、深い宗教性に根差し、政治的、経済的な損得を超えた慈悲の思想で訴えたのである。まさに「獅子吼」（ししく）という言葉そのものの演説であった、と伝えられている。まさに仏教の政

7　仏教政治思想とその現れ　*169*

治思想が、具体的な形となって表されたできごとである。そして、日本は救われたのである。

　この点は、日本政府の代表者であった吉田首相の回想から、その雰囲気が彷彿とされる。吉田は、サンフランシスコ講和会議の敵意にみちた会場の雰囲気を肌で感じていた当人である。吉田はジャヤワルデネ師の演説によって、会場の雰囲気が一転し、日本への寛容の決議がなされたという事実に直面し、彼に深い感謝を持って書簡をしたためている。

　その後の日本の発展の礎は、このサンフランシスコ講和会議の、日本に寛容な議決があったればこそ、という評価はあながち間違いではない。その証拠に、日本政府は、莫大な戦争賠償を軽減され、復興に予算を回すことが可能となり、その後の経済復興のチャンスを作ることができたのである。そのために、天皇はじめ皇室においても、この小国といってよいスリランカへの特別な敬意を持って遇することが慣例となっていることでも明らかである。

　この事実によって、心ある日本人が、その功績に感謝し、顕彰碑を建立したということである（前掲写真）。

■鎌倉大仏とジャヤワルデネ顕彰碑■　このジャヤワルデネ師の引用した言葉、それは「阿含経典」の中の最も重要視されている『ダンマ・パダ』の一説なのである。次に、この点を踏まえて、仏教精神で日本を救い、その精神に仏教文化の人間として応え、検証した鎌倉高徳院のジャヤワルデネ顕彰碑について紹介しよう。

　高徳院境内にあるジャヤワルデネ顕彰碑には、インド哲学者にして高名な思想家の故中村元博士（1912〜1999）による次のような撰文が掲げられている。

「この石碑は、1951年（昭和26年）9月、サンフランシスコで開かれた対日講和会議で日本と日本国民に対する深い理解と慈悲心に基づく愛情を示された、スリランカ民主社会主義共和国のジュニアス・リチャード・ジャヤワルデネ前大統領を称えて、心からなる感謝と報恩の意を表すために建てられたものです。」とした上で、さらに「ジャヤワルデネ前大統領は、この講和会議の演説に表記碑文のブッダの言葉を引用されました。そのパーリ語原文に即した教典の完訳は次の通りであります。」として、ブッダその人の言葉に最も近いとされる原始仏教経典『ダ

170　第2部　トピックス　現代の宗教問題

ンマ・パダ』の次の一節が記されている。

　すなわち、「実にこの世において、怨みに報いるに恨みを以てしたならば、つ
いに怨みの息むことがない。怨みをすててこそ息む。これは永遠の真理である。」
（『ダンマ・パダ』5）

　そもそも『ダンマ・パダ』という経典は、ゴータマ・ブッダの直接の言葉をま
とめたものとされる経典である。その意味で、仏教という宗教の真髄を表したも
のである。本書で言う仏教の祖型（プロトタイプ）を形成する経典である。もっ
とも、この経典は大乗仏教圏ではあまり重視されず、上座部仏教圏（いわゆる小
乗仏教圏）において、根本経典とされるものである。

　故に、上座部仏教の地スリランカにおいては、本経典はよく知られた経典であ
る。あたかも日本の『般若心経』のごときものであろう。故に、政治家ジャヤワ
ルデネ師の精神的な支柱としても、また日常の意識にしても、『ダンマ・パダ』
の精神とは不可分と言っても過言ではない。そこで、以下において『ダンマ・パ
ダ』に関して簡単に紹介しよう。

　顕彰碑文に刻まれているのは、『ダンマ・パダ』の第5節である。この文章は
短い韻文なので、一文だけではその真意を尽くすことが難しい。ただ、本経典は、
歴史上のゴータマ・ブッダ（釈尊）の言葉を正確に伝えているとされており、数
ある経典の中でも最重要な経典である。

　しかも、その教えが極めて明快で、実践的というのもその特徴である。この経
典の冒頭は、「ものごとは心にもとづき、心を主として、心によって作り出される」
とあり、私たちの生活において心のあり方が重要であることを教えている。簡単
に言えば、人間は心の持ちようで、幸福にも不幸にもなるとの教えである。具体
的には、前述の引用文の前に「かれは、われを罵った。彼は、私を害した。彼は
強奪した。という思いを抱く人には、怨みはついに息むことがない。」（『法句経』
1－3）があり、次に「（このような思いを抱かない人には）、怨みが息む」（同1－
4）とあって、この有名な文章が続く。一見、簡単な教えのように思われるが、
その意味するところは深く、そしてそれを実践することは、なかなか大変である。

　つまり、受けた怨み、具体的に経典では「かれは、われを罵った。彼は、私を
害した。彼は強奪した。」（同1－3）、これに対して相手を怨み、憎んでさらな
る報復、つまりさらに恨みを増して報復したならば、相手との関係は一層険悪と

7　仏教政治思想とその現れ　*171*

なり、何より報復合戦の繰り返しでは、怨みの連鎖は、エスカレートしこそすれ、いつまでたっても終息しない。結果、暴力（聖戦思想）に行き着く。

では、この憎しみの連鎖はどうしたら解けるのか？　それは、どちらかが、あるいは双方が、他者への慈悲（愛、慈愛、思いやり）の心により、相手への恨みの心を捨てること、憎む思いを鎮めて、相手を赦すことで初めて終わる、というのである。

では、どうやって恨みや憎しみの心を鎮めることができるか？　その答えは、「慈悲」という言葉で表される仏教の自利・利他愛である。慈悲とは難しい仏教の言葉であるが、「他者を己の如く愛すること」と説明されている。簡単に言えば「自分が相手の立場ならばどうだろうか？」と考えてみることから生まれる他者への思いやりである。

ジャヤワルデネ師は、この仏教の慈悲の心で、恨みの連鎖を断ち切って初めて、このエスカレートする憎しみの連鎖は止み、怒り、怨み、そして恐怖などから解放される、と説いた。これが、ブッダが悟った永遠の真理である、という確信の下に、サンフランシスコ講和会議という国際政治の檜舞台で、仏教の政治思想を具体的な行動に移したのである。

日本を予め調査したジャヤワルデネ師

サンフランシスコ講和会議上での名演説のことは、前述のように一応知られているが、実はあまり知られていないことがある。彼はこの演説を行う前に、わざわざ日本を訪れて、自らの目で6日間を費やして、きっちりと日本の現状をありのままに見、調査したのである。つまり、ジャヤワルデネ師は、単に理想主義で根拠なく、また単なる理念的に日本を擁護したのではない、ということである。

彼はサンフランシスコ講和会議の席上で、日本擁護の演説をする前に、周到に準備して、その根拠も自らが直接日本を訪れ、自らの目と耳で情報を収集した結果、日本が仏教精神に溢れ、またそれにこたえ得る国家に変貌したという確信を基礎に、あの有名な演説を行ったのである。これも実は、仏教の思想の具体化である。仏教は常に先入観を持たずありのままに見、聞き、現実を重視しこれに慈悲の心で対応することを教えている。

そのことは、彼の自伝において「民衆は平和を愛する国民で、日々の業にいそ

172　第2部　トピックス　現代の宗教問題

しみ軍国主義的企てに興味がないことは、面会した仏教界の指導者により、また親しく接した人々からも容易に推察できることである。私は、かくして、他の多くの参加者が得られない確信をもって討議に対する有用な準備を身に着けることができた」（秋山平吾訳『再生日本の恩人』p.17）と明記されている。

地図を見ればわかる通り、スリランカからサンフランシスコ講和会議の会場であるサンフランシスコに行くには、グアム、ハワイと飛び、行くのが一般的である。にも拘らず、わざわざルートを大きく変更し、ジャヤワルデネ師は、グアムからと思われるが、太平洋を北上し、羽田にやってきた。昭和26年8月28日のことである。当時はプロペラ機であり、かなりの時間と労力がかかったはずである。事実、東京からサンフランシスコへ向かう空路は大変であったと前述の記録には書かれている。

そのような思いをしてまで彼が日本にやってきたのは、ほかでもない「日本が仏教国として、その精神で平和な国家を作り上げることができるか。あるいは作り上げようとしているか、を自らの目で、耳で確かめようとした」というのである。

そのために彼は、滞在中できるだけ多くの日本人、特に仏教関係者と対談を希望した。その中には、仏教界のみならず、仏教学者との会合も含まれていた。中村先生がジャヤワルデネ師と最初に会ったのも、彼の要請でイギリス大使館のレッドマン氏が開いた仏教学者との会合の席であった（1956年8月29日）。さらに注目すべきことは、ジャヤワルデネ師は、鎌倉在住の鈴木大拙（1870〜1966）と鎌倉の仏教施設への訪問を切望していたのである。

彼のこの希望が実現したのは来日滞在4日目の8月31日の午後であった。彼の日記によれば東京から70分ほど車に揺られて、午後3時に大拙が待つ円覚寺の松ヶ丘文庫に到着した。そこで、ジャヤワルデネ師は、大拙に様々な質問をされたが、大拙は懇切丁寧にこれに答え、ジャヤワルデネ師は、大いに満足したと記している。

さらに、彼は鎌倉大仏で有名な高徳院を訪れ、大仏に感動し、さらに人々が、慈悲の精神溢れる大仏を礼拝する姿に感動し、また入り口近くの立て札にある「ここは弥陀の聖殿云々」という言葉に深く感動したこと、また佐藤密雄住職（1901〜2000）の温かい歓迎についても触れている。その後興奮も冷めやらぬうちに、

7　仏教政治思想とその現れ　*173*

彼は帰路に就くのであるが、途中鶴見の総持寺にも立ち寄り、渡辺玄宗貫首と「床に座りお茶を頂き、親しく会話し、貴重な体験を……」と述べている。

　これらの記述に対して、大拙の場合は彼の日記に英文で、「サンフランシスコへ向かうシンハラ人の使節と面会した。」と短く記録しており、ここからもその傍証を得ることができる。また、高徳院訪問の事実が、1991年の顕彰碑建立に結実したことは言うまでもない。

　このように、ジャヤワルデネ師は、周到に日本社会の調査を行い、日本文化の根底を為す仏教精神が再び日本社会の文化的、精神的な基盤として息づいていることを確信し、サンフランシスコに出発したのである。ジャヤワルデネ師は後年、「日本は仏教国だから、好きであり、故に何とか助けてあげたかった」と述べておられるが、その言葉はこのようなきちんとした調査の裏づけがあってのことであったことは、知っておくべきことであろう。

感謝の念の結実と将来への戒め

　さて、冒頭で紹介したジャヤワルデネ師の顕彰碑は、このようなジャヤワルデネ師の日本への慈悲の心に少しでも報いようとする日本人の感謝と、さらに言えば良心の表れであった。この碑の建設に関しては、昭和26年8月にジャヤワルデネ師とお会いされていた高徳院佐藤住職の功績が大きい。佐藤住職は、顕彰碑を建てたいとの申し出に「顕彰碑の建立企画には異存がない。碑の建立場所については、境内のどこになるかお寺でも検討が必要だが石碑建立の用地は提供しよう」と快諾され、この事業は一挙に具体化された。この時の佐藤住職の思いは、「顕彰碑に（ジャヤワルデネ師のことを）「雕文刻鏤（ちょうぶんこくろう）」し、特に若い世代に——修学旅行で"大仏さま"を訪れる中学・高校の生徒にも——読んでもらうことを念じ、そのために従来伝統的に慣用されてきた仏教経典の訳文ではなく、より解り易い新訳を考察していただくこと。そして、この新訳の意図は、これから建立されるジャヤワルデネ前スリランカ大統領の日本と日本人に対する永年の慈悲と友愛の深いお志に報いること、それは今の大人世代の日本人の感謝とそのご恩に報いる"しるし"としての贈り物であると同時に、将来に向けての日本とスリランカ、否日本とより広い世界の人々との若い世代の国際交流のうえでの"拠（よりどころ）"となり、また、"指標"ともなれかしと願ってのものとする。」というものであったと、このモニ

174　第2部　トピックス　現代の宗教問題

ュメント建設の事務局長として多大な労を取られたアジア文化協会理事長上坂元一人氏は記されている（同氏の直筆文章。上坂元氏の了解のもと、引用者が多少読みやすく改めた）。

　これらの思いを受ける形で、同じくジャヤワルデネ師とご縁の深かった中村元博士の前掲の撰文が編まれたのである。このモニュメントの除幕式は、1991年4月28日、ジャヤワルデネ師夫妻列席のもと開催された。

　以上のように、仏教の政治思想は、ジャヤワルデネ師とそれに呼応した日本人の有志によって明確なものとなっている。つまり仏教の政治思想とは、単なる権力の統御だけではなく、人々を心からひとつのことにまとめ、それを現実世界において形として結びつける具体的な行動を生み出す力なのである。

⑧　インド思想における可能性を巡って

インド的寛容の現代的意義について　　　20世紀後半以降の経済植民地的な構造によってもたらされていた独裁体制の揺らぎが、「アラブの春」あるいは「ジャスミン革命」の美名のもとに、新たな民主的で平和なアラブ社会の到来を期待させた。しかし、実際にはさらなる政治的混迷と社会的混乱、そして貧困と暴力のスパイラルが巻き起こるといった、皮肉な状況にある。

　しかも、中東をはじめ紛争地域の多くが、宗教、特にイスラム教との関係を抜きには語り得ないという意味で、世俗主義を基礎とする近代文明の発想とは次元の異なる新しい動きが、起こりつつあるということが推定される。

　つまり、従来の近代文明、それはかなりの部分を近代型キリスト教、つまりプロテスタント派の思想的影響下に形成された文明形式と位置づけられるが、この近代文明とは基本的に異なるイスラム文明が、国際社会において再び大きな存在感を示してきた時代到来という認識を基本とする。そのためにこれらの新しい動きに対して、新たな視点を加味したアプローチが必要となる。このような国際社会の動向を見据えた上で本書は、21世紀を「宗教の復権の世紀」と位置づけ、このようなイスラムをはじめ宗教を重視する、あるいは少なくとも宗教を社会の重

要な構成要素と位置づけ、21世紀の国際社会の動向分析に多少なりとも有益な視点を提示することをめざしてきた。

　以上のことを前提としつつ、現在文明の根幹を為すと筆者が考えるアブラハムの宗教の持つ発想とインド的な思想の比較を通じて、近代西洋文明の特異性とその克服の可能性を考察する。

排他的思考から寛容へ

周知のように多様性を尊ぶインド文明においては、古来より非暴力思想や寛容思想が尊ばれてきた。その典型は、日本精神の根幹の形成とも深い関係のある仏教思想に顕著であるが、この非暴力・寛容の思想はインドの精神伝統の要として引き継がれ、ヒンドゥー教を中心に、他神教に厳しい、イスラムの支配者においてさえも受容された。さらに近現代においてはイギリスの植民地支配からの開放を、非暴力主義で勝ち取ったインド独立の父マハトマ・ガンディー（1869～1948）を通じて、人類全体に大きな影響を与えている。

　つまり、マハトマ・ガンディーはイギリスからの独立運動を通じて、武力ではなく非暴力で、対決ではなく対話で、そして憎しみではなく寛容の心で、イギリスからの政治的独立の戦いにいどみ、ついに暴力抜きに困難な政治的な独立をなし遂げた。この運動の成功は、ガンディーの強烈なカリスマ性に拠るところが少なくないが、しかし彼の非暴力・寛容の思想は、インド古来の寛容思想の伝統に根差したものであり、それが民衆にも広く共有されていた伝統であるからこそ、民衆の理解と協力が得られたのである。そうでなければ、如何にカリスマであったガンディーであっても、あの偉業を達成することは不可能であったであろう。

　筆者は、この現代のインド社会にも受け継がれている非暴力、寛容の思想こそ、あらゆる領域におけるインド思想の根本であると考えると同時に、紛争や戦争という暴力の連鎖の鎮静化や終焉に、暴力の応酬とは異なる次元での解決策を提示するものとして、大いなる可能性を秘めた思想だと考えている。特に、寛容思想はインドにおける政治思想であれ、宗教思想であれその基本に常に大きな役割を担っていた。その意味で寛容思想はインド文明を有史以来貫く根本思想であり、インドは、この寛容思想を基本に、アヒンサー、空、慈悲などの専門的な用語によって表される思想に支えられ、寛容文明を形成してきた、と考えている。そして、この寛容文明の背景は、宗教的には多神教、思想的には「梵我一如」或いは

「慈悲」（筆者はこれを「自他同置」または自利・利他の思想と表現する）がある、と筆者は考えている。

　この「梵我一如」の思想は、矛盾的な自己同一を含む思想構造であり、近代的な合理主義思想から見ると曖昧に映る思想とも言える。しかし、寧ろ近代的合理主義の発想こそ、一面的であると考えることも可能である。この点の議論は他の機会に譲ることになるが、インド思想との比較で概説すると以下のようになる。

　つまり、現在文明の基本思想を形成する近代合理主義思想の基本には、アブラハム的一神教であるキリスト教思想構造が基本にある。それは、宗教的には世界の創造主にして、唯一なる人格神の存在を基準にすべてを一元的に考える発想である。つまり、哲学的には存在の第一原理を唯一なる存在である神の存在に収斂させかつ、その神は人格的な実態を持つという存在である。

　勿論、近代思想はこの中世的な、つまりカトリック的な発想から解き放されて人間理性を基本とした知の体系を形成し、それが近代文明の基本を為すというように説明されるが、しかし思想の構造としては、理性を神の代替としただけであり、一元的な思想構造は変わっていない。というより実は、一者にすべてを収斂させるという発想、しかもその一者は他の併存を許さないという意味で排他的であり、自己絶対的発想法は、むしろカトリック以上に近代文明の中核を為すプロテスタント派の思想のほうが顕著である。いずれにしても、この発想法がセム的な宗教の特徴であり、それはユダヤ教、キリスト教、イスラム教のアブラハム的宗教に共有される発想である。筆者はこれを排他的一元（神）論と呼び、後に検討するインド的な一元（神）的多現論と区別して理解している。

　この唯一絶対的な人格神の存在を絶対とする発想は、それ故に自己の絶対化とその裏返しとも言える排他的構造に陥りやすいものでもある。故に、排他的一元（神）論と言えるのである。しかもこの構造は、自ら属する原理や信仰を絶対と位置づける故に、他者を排除しやすい思考傾向に陥りやすい。近代文明はこのような思想構造、つまり排除の理論を持つ故に、逆に合理性を主張できたとも言える。しかも、近代文明の主張する合理性で言う「合理」とは、極めて限定された理法であり、その合理性の矛盾は、まさに合理性を主張する側の一方的な理屈であり、それに合わないものを排除するか、等閑視するレベルのものである。つまり、限定的な合理性ということである。故に、現在では至るところでその合理性

8　インド思想における可能性を巡って　*177*

は破たんに瀕している。ここに近代文明の反省が生まれる切っ掛けがあり、本項で考察するインド思想の意義もある。

　一方多様性と一元性を背理の関係、つまり矛盾関係と捉えるのではなく相補的な存在と捉えるインド思想は、世界は究極的には一なる存在（法則）に収斂するも、同時にその展開として多元的世界は、相互に矛盾するものではなく、寧ろ共助の関係にあるとする。それ故に、自己の信奉する主義や原理、あるいは信仰を絶対視しつつも、同時に他者のそれを同時に尊重するという矛盾的な自己同一の関係性が成立する。これが本項で言う一元（神）多現論、インド思想の伝統的な表現で言えば「梵我一如」の発想である。

　つまり、自己を絶対視せず、他者を尊重する発想のうちから、「自他同置」の発想が生まれ、それ故に非暴力、さらにはそれを支える寛容思想が生まれ構造原理として結晶し、インド文明を精神的に支える核となっていると筆者は考えている。そのために、インドの寛容思想には、他宗教や他文明に見られる寛容とは根本的に異なる深みを持つ。

　以上非常に簡単であるが、近代文明を支える排他的な一元的思想に対するインド的な一元思想との相違について概説した。次に「寛容」思想の検討に入るが、その前に「寛容」という言葉の意味について、検討したい。

「寛容」という言葉の検討

　さて、「寛容」思想の重要性に関しては、西洋思想であろうが、インド思想であろうがその重要性に関しては、異論は無いであろう。しかし、日本語の「寛容」という言葉で表される思想そのものの検討は、十分行われているであろうか？　従来の寛容思想の研究では、この「寛容」という言葉の基準が深く議論されることなく、応用的な議論がなされてきたように思われる。そこで、先ず本項では、この点を簡単に検討する。

　まず、一般に用いられる「寛容」という日本語の意味は、「1・寛大で、よく人をゆるしいれること。とがめだてせぬこと。2・善を行うことは困難であるという自覚から、他人の罪過を厳しく責めぬこと。キリスト教の重要な徳目。3・(tolerance) 異端的な少数意見発表の自由を認め、そうした意見の人を差別待遇しないこと」（『広辞苑』）となる。この場合の寛という漢字は、「これは廟中の巫女が緩歌漫舞して祈るさまをいう。」（『字統』）と言う。また容は祈禱の際に用い

た容器のことで、入れ物の意味だから、寛容とは「大らかな心をもって、他人の言動などをよく受け入れること」というほどの意味となろうか。いわば「度量の大きさ」ということである。

　ところが、「寛容」という言葉は、実は伝統的なものではない。この「寛容」という言葉が、一般化した切っ掛けは、西欧の（tolerance）の翻訳語として、井上哲次郎『哲学字彙』（1881）周辺が用いたことによる、とされる。故に、寛容という言葉の意味を考える時には、先ず、英語の tolerance の意味を明確にする必要がある。tolerance の語源であるラテン語の tolerantia は、「耐える」・「我慢する」というほどの意味がある。だから日本最初の英和辞典である『薩摩辞書』は、tolerance の訳に「堪忍」あるいは「許可」という言葉を当てた。つまり、『薩摩辞書』の著者は、今日「寛容」と訳される tolerance の意味には、「許す」あるいは「辛抱する」、「我慢する」という精神が基本にある、と考えたのである。

　ところで、両者の言葉に共通の「許す」あるいは「耐える」の主語は一体だれであろうか？　実は、この言葉は、ひとつの特徴的な立場が前提となっている。つまり、この言葉は「耐える」側、あるいは「許す」側の立場しか考えていないのである。つまり、「辛抱させる」「耐えさせる」側、つまり相手方の存在は、考慮しなくとも成立する意味空間である。

　この言葉の中では、他者の存在は、自らと同等に意識されていない。わかりやすく言えば「耐える」・「我慢する」という tolerance 的な主体は「私」であり、この種の寛容は、相手を理解する、あるいは自らと同等と考える必要はなく、ただ場や空間を共有することを「私」が許す、あるいはそのような状態に「私」が耐える、ということで十分成立する寛容である、ということである。その意味でこの寛容は、相手の存在に無関心、無理解でも成立するレベルの寛容である。つまり、当事者同士が理解し合い、共存共栄するという関係は、このレベルの寛容では期待していないし、その必要もないということである。それは、互いに無関心であっても、互いに認め合っていなくても、最小限互いに独立あるいは孤立的に共存できる関係を、寛容として表現しているのである。

　したがって、このレベルの寛容は、一方が他方に与える寛容、許す寛容ということに結果としてとどまる。つまり、力の強い者が、弱い者を、進んだ者が、遅

れた者を赦し、共存する類の寛容である。しかし、許す側が、我慢できなくなった時に、この共存関係はたちまち、暴力関係に移行する。

さらに、西洋における tolerance には、実は「節操の無さ」あるいは「ふしだら」というほどの意味もあると言われる。というのも、17世紀頃からこの言葉が用いられるようになったとされるが、それを盛んに用いたプロテスタント系の人々は、「カトリックは信仰にトレランスである」として、カトリックの包摂主義を批判し、それを節操のない、誰彼かまわずに身を売る娼婦にさえたとえている。彼らは自らをピューリタン（清浄、純粋なる信徒）と呼び、自らの信仰の対極、つまりカトリックの総合性を、不純、不潔の形態をトレランスと表現したのである。勿論、改革派であるプロテスタントの人々は神の唯一性、選民思想を狭義にとり、他との共生を拒否したのである。

その後、激しい新旧宗派の対立を経て、宗派の異同を問わず日常生活を送るための徳目として、異質なる信仰者との共存をすることを「tolerance」と呼んだのである。つまりその意味は、「（嫌いなものとの共存を）我慢する」、あるいは「許す」という発想に支えられているのである。

同様な精神構造は、同じくセム族の宗教であるイスラムにも見出せる。つまりこの意味構想はアラビア語の ghfâra という言葉に、よく表れている。辞書的に訳せばこの言葉は、「寛容」「太っ腹」というような意味である。しかし、それは「相手の非を見て見ぬ振りをする」というほどの意味であり、「（親が子供の悪戯を）見て見ぬ振りをして許す」、「（異教徒の存在を）見て見ぬ振りをする」というほどの意味である。

しかし、それが限界に達した時には、寛容は瞬時に不寛容となり、暴力へと移行する。しかも、それを許す基準の限界も不明である。しかも、その基準は、あくまでも自己のほうにある。

このような自己を絶対化する思想の背景には、アブラハム的宗教の特徴とも言える世界観がある。さらに言えば正義の実行を神に託されたとする選民思想があり、聖戦思想がそれを一層強固なものとする。しかし、このような自己の立場の絶対化を前提とする寛容の精神では、限界がある。それの限界が、現在の国際紛争の原因のひとつであることは明らかである。

しかも、この自己絶対化の寛容思想は、現在文明の基本的な精神でもある。こ

の自己絶対化の上に形成されたアブラハム的宗教を基礎とする寛容の限界を補い、異質なる者とも真に対等な関係性による寛容、筆者はこれを「暖かい寛容」、前者を「冷たい寛容」と呼ぶが、この暖かい寛容思想の可能性を、我々はインド文明のうちに見出すことができると筆者は考える。

暖かい寛容思想の淵源　筆者の言う「暖かい寛容」とは、互いの存在を自らと対等に認め合うことによって生まれてくる「平等関係」を前提とする寛容である。つまり、筆者の言う寛容、そして現在文明が抱える対立思想を超える寛容思想の基本は、相互に相手を自らと同等視できる視点を持つことである。そして歴史的に、このような思想は、同じく多神教や女神信仰の歴史を持つギリシャとインドにおいて展開された。例えば、ギリシャ語の寛容の精神を意味する epie-ikeia という言葉は、epi（場所を意味する）と eikeia に分離でき、eikeia は eikos（同じように）eikazw（等しくする、同じようにする）という言葉と通じており、epieikeia の意味は、「場所を同じくする」、「他者に場所を譲る」、「道を譲る」というような意味があるとされる。

　つまり、この言葉には「自己を他者の立場に置き換えて相対化し、自他の区別を超えてより高次の一体感をもつ」、簡単に言えば「他者を自己と同等に考える」という極めて深い自他平等の原理、あるいは自他の区別を超えた普遍的な思想、つまり筆者の言葉で言えば「自他同置」という思想の深みが表されている。

　そしてこの精神こそ、インド思想、特に仏教における無我説（anātman）や大乗仏教における空（śñyatā）の思想に通ずる普遍的な精神ということができる。ここに我々は、ギリシャとインド、特に仏教との間に強い共通性を見出すことができる。しかし、ギリシャでは、インドほどにはこの精神性を発達させなかった。少なくとも、その思想は後代の宗教世界には受け継がれなかった。それは多神教的な発想に支えられていたギリシャ思想が、排他的一神教であるセム的なキリスト教やイスラムの時代を経て途絶えたからである、と考えられる。

　宗教的に多神教、思想的には「自他同置」の精神を特に尊重し、発展させたのがインド思想であり、この一元論的多現論を基礎として、高度の思想や文明を構築してきたのがインド文明である、と筆者は考える。つまり、インド文明は「自己の立場の相対化」から、さらに「自他融和の一体的立場」という「絶対的寛

容」（本項で言う温かい寛容：自他同置）の精神、それを中心に思想・宗教、そして文明を形成したと言えるのである。

いずれにしてもここで言う「温かい寛容」（以下特に明記しない場合は、寛容と略記）とは、「自らを絶対視せず、他者の存在を自己と同等に尊重する」という謙虚な心持ちや、思想を基とする、ということである。そこには、自己すらも絶対視しない、つまり存在の中心と考えない思想、故に排他的な発想をとらない、つまり絶対相対主義（縁起）の思想がある。そしてその思想を宗教的に展開したのが仏教思想である。

この思想が最も体系化されているのが、仏教の「『空』の思想」である。この「『空』の思想」は、具体的には縁起の構造という無数に関係し合う相補的存在を前提とする自・他者の関係性、つまり自他の区別さえ相対化される、あるいは超越される世界構造を前提とする思想である。しかもそれは、単に空間的な意味で共存を許すというような消極的他者ではなく、隣人として、あるいは同じ人間さらには存在（仏教で言えば一切衆生ということにあるが）と認識して他者（人間のみならずあらゆる存在）を自分と対等にみなすという思想を基礎とする。

それは、結果として他者の存在の尊重、つまり非暴力思想に通じ、自己の相対化、自我の抑制であり、そこには必然的に忍耐や我慢というものが付随する。しかし、その時の忍耐や我慢は、「冷たい寛容」の場合とは異なり、常に、自らに引き当てて相手の行動を理解した上での「赦し」であり、「我慢」であるということになる。

なぜなら、今は耐える、あるいは耐えさせるほうであるが、その立場が逆になることもある、との認識が相互に生じるからである。そこには、「自分が正義である」というような思想も、ましてや聖戦というような発想は生じ得ない。故に、寛容思想は非暴力思想でもある。これが「自他同置」思想の基本構造である。そして寛容の文明インド文明の基本構造である。

次に、この寛容思想の具体的な展開として、政治思想との関係も深い非暴力あるいは不殺生の思想について検討する。

インド的寛容思想の源泉

すでに触れたことであるが、インド思想における非暴力・不殺生主義（これを支えるのがインド的寛容思想である）の起源は、恐

らくインダス文明にまでさかのぼることができよう。そして、この文明では、支配装置でありまた、暴力装置である軍隊がほとんど存在しなかったし、王の宮殿と言える建物も他の富裕層と大差のない質素なものであった。つまりこの遺跡からは、強大な権力集中を髣髴させる絶対君主の存在、その権威を示す王城や王宮、そして強大な軍隊の存在を思わせる武器の存在などが、ほとんど見出せないのである。つまり、暴力や武力による支配が行われていなかった、と言われるのである。

　勿論、それはこの文明が統一性を持っていなかった、ということを意味しない。それどころか、この広範囲の遺跡から出土する錘の規格、つまり度量衡は、例えば最小が0.857グラム、そしてその偶数倍とすべて規格統一されている。また、都市も都市計画によって整備され、そこで用いられたレンガは焼きレンガであり、しかも規格統一されていた。

　我々はこの文明から、大きな可能性を導き出すことが可能である。つまり、他の三大文明、つまりエジプト、メソポタミア、そして中国と、強大な武力をもって領土を支配し、またその富や権力が王やその周辺の限られた人々に集中した文明形態とは全く異なる、文字通り平和で平等な文明、しかも現代の都市計画から見ても驚くほどの計画都市を築き上げたインダス文明のあり方は、暴力や強権的専制体制ではない、人間の文明のあり方が、可能であることを我々に教えてくれる。

　まさに、インダス文明の中に、21世紀の国際社会が直面する武力や暴力の応酬による力の支配とは異なる、文明のあり方の先例がある、と言うことができる。しかし、残念ながらインダス文明は、直接インド文明に受け継がれることがなかった。それは、遊牧民であり、武力に秀でたアーリア人の侵入、支配、定着という悲劇がインダス文明を襲ったからである。時に、紀元前15〜13世紀頃と言われている。

　以来インダス文明は、歴史の表舞台から姿を消していった。しかし、その伝統は非征服民の中に受け継がれた。そして、このインダス文明的な平和思考、非暴力思想は、インド人の精神世界に明確に現れてくる。それが有名なウパニシャッド時代、紀元前５世紀から数世紀に及ぶ自由思想の時代である。

　特に、ガンジス河流域の生産性が向上し、多くの都市国家が生まれた紀元前６

世紀以降のインド思想の中には、征服民であるアーリア人的な文化とは明らかに異なる思想が顕在化する。そして、その象徴的な存在として仏教の開祖ゴータマ・ブッダがいる。

　以下において、ゴータマ・ブッダの思想の検討を通じてインド的、就中仏教的な寛容思想の検討を行う。勿論、その目的はこの寛容思想をより良い社会構築のために如何に役立たせるか、という問題意識の上に検討する。

ゴータマ・ブッダにおける非暴力と融和思想

　ゴータマ・ブッダは都市国家群が、群雄割拠する紀元前６或いは５世紀のガンジス河中流域の釈迦族国王スドーダナとその妃マヤーの長子として生まれた。つまり、彼は実質的な皇太子として成長した。しかし、戦乱が絶えず、社会不安が渦巻く現実社会に絶望する形で、彼は宮廷生活を捨てる。

　ゴータマ・ブッダの出家は、一般に生老病死という人間の持つ根源的苦悩の解決のためとされる。しかし、それだけであろうか？　ゴータマ・ブッダの出家は、そのような個人的な問題だけであったのか？　少なくとも、彼の出家の動機や修行のエネルギー、そしてその後の宗教活動が、そのような個人レベルに矮小化されていいのであろうか？

　勿論、ゴータマ・ブッダの理想は、個々人の救済にあったことは否定できないが、しかし、同時に個人の救済は、その前提として個人の所属する社会の救済（平和的状態）が不可欠であることは、論を俟たない。だからこそ、ゴータマ・ブッダは、他者との関係性の破壊行為である暴力に対して、強い調子でこれを戒めたのではないか。

　というのも、ゴータマ・ブッダは、「すべての者は暴力におびえ、すべての者は死をおそれる。己が身にひきくらべて、殺してはならぬ。殺さしめてもならぬ。」（中村元訳『ダンマパダ』p.129より）「他人を苦しめることによって自分の快楽を求めるひととは怨みの絆にまつわられて、恨みから免れることができない。」（同p.291）との基本認識を持ち、その源には、「（世の人々は）めいめいの見解に固執して、互いに異なった執見をいだいて争い、（自ら真理への）熟達者であると称して、さまざまに論じる。……「論敵は愚者であって、真理に達した人ではない」と言う。これらの人々はみな「自分こそ真理に達した人である」と語っているが、

184　第２部　トピックス　現代の宗教問題

これらのうちで、どの説が真実であろうか？／もしも論敵の教えを承認しない人が愚者であって、低級な者であり、智慧の劣ったものであるならば、これらの人々はすべて（各自の）偏見を固執しているのであるから、彼等はすべて愚者であり、ごく智慧の劣った者であると言うことになる。」（同 p.880）という認識があるからである。

このようなゴータマ・ブッダの思想の背景には、自己を絶対視して、他者を貶める慢心や我執への鋭い批判がある。

つまり「一方的に決定した立場に立ってみずから考え量りつつ、さらに彼は世の中で論争をなすに至る。一切の断定を捨てたならば、人は世の中で確執を起すことがない」（同 p.894）と教える。

では、どうすればいいのか？

ゴータマ・ブッダは「慈しみ（mitta）と平静とあわれみ（karuna）と解脱と喜びとを時に応じて修め、世間すべてに背くことなく、犀の角のように歩め」（同 p.73）と教える。しかも、この境地に達するためには「憎しみを以って憎しみに報ずれば、憎しみは絶えることがない。」との赦しの心が不可欠とする。この思想こそは、ゴータマ・ブッダの教えの真髄であり、インド思想の到達した寛容思想ということができよう。

ゴータマ・ブッダの教えは、人間の本質を深く洞察するものであったが、しかし、彼によって作られた仏教教団は、出家者の集団への教えが中心となっていたこともあり、社会への影響ということでは、ゴータマ・ブッダの精神的後継者で、偉大な為政者であったアショーカ王の出現を待たねばならなかった。そして、このアショーカ王の思想や政策にこそ、インド文明に特徴的な非戦と自己犠牲を基礎とする寛容思想が見出せる。

アショーカ王と始皇帝の対照　　アショーカ王は紀元前ほぼ268年から232年の間、インドを統治したマウリヤ朝の第3代の王である。彼の詳しい伝説については、ここで触れる紙幅の余裕はないが、彼の存在は仏教圏においては護教の聖王として知られている。しかし、仏教を信奉したアショーカ王は、世界各地に見出せるような自宗教の狂信的な信者ではなかった。つまりアショーカ王は仏教のみを許し、他を弾圧するような偏狭な宗教政策をとらなかったのである。このア

ショーカ王のインド的文明的な寛容思想に基づく政策の特徴は、ほぼ同時代において中国（黄河）型の典型であり、後の中国社会の基礎を築いたとも言えるし秦の始皇帝（在位紀元前221〜同210）との比較によって一層明確となる。今回は、紙幅の都合でこの件に関しては、簡単な比較にとどまるが、両者の思想、政策は対照的である。

しかし、両者の初期の行動や思想は似通っていた。つまり、アショーカ王自身も自らの兄弟を殺め、王位に就くやインド亜大陸全土の征服という政治的・軍事的野望に燃えて、軍事的行為、つまり武力行為に及んだ。

ところが、その統一を成し遂げた後、彼は仏教を受け入れ、仏教の精神によって国を統治する、つまり法（ダルマ）による統治へと大きく思想信条をはじめ政策を転換した。アショーカ王は「この大地を征服するであろうが、刑罰によらず、武器に拠らず、法（仏教のことで、始皇帝のような厳罰主義の法ではない）によって統治する」ことを実践した。アショーカ王は「民を理（おさ）むるに慈を以ってす。己を（みなすごとくに）恕（おもいや）りて彼を度す。」（磨崖勅令、以下同じ）とか、「君が貧徳ならば民が窮（くるし）む。君が富徳ならば民家は足る。」というような言葉に、その真意が読み取れる。そして、仏教の理想を現実の社会に生かそうとしたアショーカ王は、現実の生活もまた仏教の理想を貫いた。

アショーカ王は自らを「温容ある者」と自称した熱烈な仏教信奉者であったが、同時にジャイナ教・バラモン教・アージーヴァイカ教など他の宗教も保護した。その思想は、「一切の宗派の者があらゆるところにおいて住することを願う。」に明らかである。

では、その理想とは何か。それは一言で言えば、自己犠牲（利他心）と不傷害、そして寛容の政治、仏教的に言えば慈悲の政治ということである。それを実践するためのものが、アショーカ王が「法（dharma）」と呼ぶものである。この法は、人間のあるべき姿、理想としての規範を意味するものであり、それ故にすべての人々によって実践されるべき徳目を含んでいるとされる。

つまり、先に触れたようにアショーカ王は、自らの悲惨な戦争体験から、仏教に深く帰依し戦いのない平和な国家を建設すべく（仏）法に基づく統治をめざしたのである。

アショーカ王は「神々に愛される王は、一切の生類に対して傷害をなさず、克

己あり、こころが平静で、平和なることを願う」(同)のであり、これは王のみならずすべての人々に奨励された。

彼は仏教の教えによる、つまり不殺生と利他行(自己犠牲)を中心とする寛容の教えである仏教の法による理想国家の建設をめざし、不断の努力を惜しまなかったのである。しかも、この法は王の率先垂範のもと「身分の低いものでも、身分の高貴な者であっても、ともに励してつとめるように」(同)とされた。しかもその法の中心思想には、不傷害・不殺生、そして寛容の思想があった。アショーカ王は言う「生類を屠殺しないことは善である」(同)と。しかも彼の命令は、単に生類の殺害を禁止したのみならず、「(神々に愛された温容ある王)の領土のうちではいたるところに、……中略。二種の療病院が建てられた。すなわち、人々のための療病院と家畜のための療病院とである。そして、人に効があり、獣に効があるいかなる薬草でもすべて、それの存在しない地方へはどこであろうとも、そこへそれらを輸送し栽培させた。……また道の傍らには井戸を掘らせ、樹木を植えさせた。……それは家畜や人々が受用するためである。」(磨崖勅令2章)というように、それぞれの生命を貴び最大限の努力をも行ったのである。

それは「一切の生きとし生けるものに対して、傷害をなさず、克己あり、心が平静で柔和であることを願うからである。」(同)という彼の仏教的思想に基づく信念に発しているのである。

彼はこれらの信念を具体化したものを「法」と呼び、この「法を実践することを自らの使命としたのである。」(同)

彼の教えは、インドのみならず西側諸国・スリランカにも伝えられやがて中国や日本まで及んだ。

この不傷害・不殺生の思想は、やがてインドの他の宗教にも受け継がれ、今日に至っている。口実するように、この精神は、後のインド思想はもとより、インド政治思想にも継承され、18世紀のムガル皇帝アクバルや20世紀を代表する政治指導者のひとり、マハトマ・ガンディーにおいて如何なく発揮された。ちなみに彼と毛沢東との比較も興味深い。

一方、アショーカ王とほぼ同時代に、中国の統一という同様な偉業を達成した始皇帝と比較すると、一層特徴的である。両者は、まさにインド文明と中国文明の象徴的なモデルであると思われる。中国文明も基本的には、アニミズム的な多

8 インド思想における可能性を巡って　*187*

神教的文明であるが、現実社会では合理主義的な側面を強く持っていた。

　始皇帝は思想統一としての焚書坑儒を行い、皇帝絶対の中央集権制度を敷き、逆らう者をことごとく武力で鎮圧、排除していった。現在知られている始皇帝には、民への配慮や慈悲、寛容と呼べるような政策をとったことを知らせる資料はない。多くは厳罰主義で「上、刑殺を以って威を為すを楽しむ」(『史記』)と言われるように、その民衆支配は厳罰主義であり、またその富は、絶対君主である始皇帝を中心とする一部の為政者に集中した。また、強力な軍事力は常に敵を求め、中国奥地にまで紛争は展開し、広大な長城の建設という大事業は、民衆を塗炭の苦しみに駆り立て、幾百万人が、彼および彼の帝国の建設と維持のために殺された。

　そして、これらの集大成が始皇帝の墳墓である。彼は絶大な武力によって民衆を支配したが、晩年は死の影に怯え神仙術に耽溺し、道士に翻弄され、その一生を閉じた。そして、広大な墳墓を作るために多くの人々を駆り立て、また巨大な富を我がものとして地下深く死蔵する。インドと中国の王権の差であり、その背後には思想伝統の差が存在する。つまり始皇帝の生き方は、民衆の王として「愛情をこめてみるもの」「顔容親しみやすいもの」と自らの称号に用いたアショーカ王とはまさに正反対の思想の存在と言える。

　このようなアショーカ王の精神は、実に彼ひとりのものではなく、後にインドを巡礼した玄奘三蔵が知遇を得たカニシカ王にもその特徴が見出せる。そして、それは後のイスラム教徒の偉大なる皇帝アクバルにも通じるものとなる。

兵馬俑全景（中国的な支配の典型）

インド・イスラムにおける寛容思想の形成　仏教やヒンドゥー教のような
インド思想・文明の直接の後継者が、いわば寛容の精神を文明の中核として受け
継ぎ、育んだということはある種の必然である、と言うことができる。しかし、
それは外来のイスラム教徒にも引き継がれたというところに、寛容と非戦・非暴
力が、インド文明に通底するものであることを我々は知ることができる。

　イスラムは本来多神教（カーフィル）を同等には認めない宗教であるが、しかし、
インドでは全く異なったイスラムの姿が生まれ、また展開した。特に、インド・
イスラムの特長とも言うべき、寛容思想を具体的に展開したのは、所謂スーフィ
ーたちである。そして、インド・スーフィーの寛容思想という思想的な傾向を決
定づけた思想家とされるのが、ファリドゥッディーン（Faridu'd-di'n, 1176～
1265）である。彼の思想には、イスラム的であると同時にヴェーダンタ的な思想、
絶対的存在である一者との合一、つまり神人合一と、それを基礎とする現象界に
おける差異の超克の思想が見出せる。

　ファリドは言う、「正しいことを言い、正しいことを行いなさい。／人は永遠の
命を持つことはできないのだから（人は必ず死後に神の審判を受けねばならない。）
その時には、6ヶ月かけて出来た身体も、一瞬にして無となる。（中略）あるも
のは茶毘に付され（ヒンドゥー教徒のこと）、あるものは墓の中に行く（イスラム教
徒のこと）。しかし、彼らの魂は生前の行いによって裁きを受ける。」（『グラント・
サーヒブ』）

　このようにファリドは、正統派のイスラム教徒でありながら、イスラム神学に
おいて忌避される、多神教であるヒンドゥー教に対して、イスラムとの価値的な
レベルでの同質性を象徴的に主張した。ファリドには、イスラムとヒンドゥー教
との形態的な差異を超えて、本質的な一致を前提とする思想の萌芽、少なくとも
その可能性が現れている。つまり、ファリドの主張には、神への絶対的帰依、あ
るいは神人合一の立場に立てば、宗教の差異は問題にならないという、インド的
に言えばヴェーダンタ思想、そしてイスラム的に言えばスーフィズムの思想が展
開されている。この思想は、多数のインド・イスラムに受け入れられ、ひとつの
伝統となっている。

　この伝統を継ぐ者が、15～16世紀に活躍したカビール（1425～1492頃）とナー
ナク（1469～1538）等であり、さらにこれを深め、そして具体的な政治に反映さ

せたのがアクバル帝であり、そのひ孫のダーラー・シコーであった。

アクバルの融合思想とその政策

カビールやナーナクから遅れること数十年にして、ムガル王朝第3代の皇帝アクバルは、独自のヒンドゥー・イスラム融和思想、それをさらに進めた融合思想を展開した。またアクバルは、この視点を、単なる抽象論に終わらせることなく、現実の政治・社会政策に展開し、既存の諸宗教をイスラムと同等視した寛容政策を展開した。

先にも検討したようにインド文明には、諸宗教の共存を可能にする思想の伝統が、その底流に存在し、その伝統はイスラム教徒の世界においても、無理なく受け入れられた。この点で象徴的な存在がムガル帝国第3代皇帝のアクバル（1542〜1605）である。

彼は、自らもスーフィーとして宗教的な体験を持っており、またその宗教思潮を積極的に宗教的にも、また政治的、文化的にも展開した。その結果、ヒンドゥー・イスラム融合文明と言い得るような諸宗教・文化融合が、アクバルからダーラーまでの約百年間、インド・イスラム世界にイスラム文明を中心として花開いた。そこでは、各宗教が、同等に扱われ融和・融合する宮廷文化が花開いた。

アクバル帝は1579年イスラム至上主義者への反省を込めて、諸宗教融和を旗印としたディーニ＝イラーヒー（Dīn ilāhī：神聖宗教）を始めた。これは1575年以来続いていた信仰の家（Ibādatkhāna）における諸宗教の対論を通じてのアクバル帝がたどり着いた結論であった。

ところで、アクバルは最初から諸宗教の融和・融合を考えていたのではない。彼も初期においては正統派のイスラム教徒であった。しかし、やがてスーフィズムの思想に傾倒し、イスラム至上主義から諸宗教の融和、そして融合思想を展開するに至った。アクバルはこの「信仰の家」においては、「この神聖なる場所は、霊性の構築のために供され、この地に神聖なる智の柱が高々と出現した。」と表現され、この場には、スーフィーとしてのアクバル帝を中心に、彼の寛容さと神の影を明らめる（帝の）寛容さによって、ここにはスーフィー、哲学者、法学者、法律家、スンニ派、シーア派、（ヒンドゥーの）バラモン、ジャイナ教徒、チャールバーカ、キリスト教、ユダヤ教、サービー、ゾロアスター教徒などが、このおごそかな集まりにおいて一堂に会して議論を行った、ということであった。

190　第2部　トピックス　現代の宗教問題

このアクバル帝の諸宗教の融和思想やその政策については、様々な批判もなされている。しかし、彼の融和思想が単なる思いつきや政治的なテクニックによって導き出されたものでないことは、幾つものエピソードによっても明らかとなる。例えば、アクバルは1567年シク教の第3代グルアマル・ダス（1479〜1574）を訪問する。当時、結成間もない弱小教団であったシク教であるが、アクバルは彼に敬意を払い、彼に現在のアムリッサル一帯を与え、それがシク教団の躍進にもつながった。

　このように、アクバルは身分の上下、宗教の如何を問わず道を求めるのに真摯であり、すべての宗教に寛容であり、また異なる思想に対しても謙虚に耳を傾ける思想家でもあった。

　したがって彼は原理主義的イスラムの伝統も、また同じくヒンドゥー教の伝統も重視しなかった。特に、アクバルはヒンドゥー教徒の間にあった寡婦殉死（サティー）を禁止し、女性の立場を擁護した。

　しかも彼は諸宗教の平和的共存をめざし、諸宗教の聖典などを翻訳する翻訳局をもうけ、『マハーバーラタ』などのヒンドゥーの古典のイスラム系言語への翻訳、さらには『聖書』や『コーラン』などのインド系言語への翻訳を行った。

　その伝統はムガル宮廷内に引き継がれ、曾孫のダーラーの思想活動によって一層深められた。彼の理念を表すものは、政治や宗教、思想領域ばかりでなく文化、特に建築領域において顕著である。その象徴的存在は、彼が十数年居住し、放棄したファテプル・シュクリの宮殿であり、また彼の墓所シカンダラーである。これらの建築物にはイスラム教をはじめ、ヒンドゥー教、キリスト教、ジャイナ教など世界のあらゆる宗教文化が体系的に盛り込まれ、調和されている。

ダーラーの融合思想　　さて、アクバルの思想を受け継ぎ、さらに発展させたのが曾孫のダーラー・シコーである。ダーラーの思想については、日本においては、アクバル帝のそれ以上に知られるところが少ない。しかし、彼の業績は偉大であり、比較文明学からの研究が本格的になされるべきである。

　例えば、彼がサンスクリット語からペルシャ語に翻訳させたウパニシャッド文献、これは『ウプネカット（Oupnek'hat）』と呼ばれ、後にラテン語訳されてヨーロッパの知識人に大きな影響を与えたことは、よく知られたことである。これ

のみならず、ダーラーは、スーフィーとしてイスラム教に固執せず、諸宗教思想に極めて柔軟に対応した。特に、彼はヒンドゥー教の諸聖典の翻訳事業などを通じて、神秘主義思想を極めた。特にヒンドゥー教の聖者バーバー・ラールの感化を受けてある意味でバクタとしての立場から、ヒンドゥー・イスラム両教の融和を思想的に試みたのが、彼の代表作である『二つの海の交わるところ』（*Majmā al-Bahrayn*）である。

　ダーラー自身が書いた本書の前文には、この経緯を、「（彼、ダーラーは）真実の中の真実を覚り、スーフィーの真の宗旨（教えの根本）の素晴らしさに目覚め、偉大なる深遠なるスーフィーの英知を悟った後には、彼（ダーラー）はインドの（存在の）一元論者達（movahhedan）の教義を知ることを強く願った。彼（ダーラー）は学者達と交流し、インドの宗教における神の聖性について議論を繰り返した。彼等インドの学者は、宗教的な訓練と知性と洞察において最高に完成された境地に到達したもの達である。そして、彼（ダーラー）は、彼等（インドの宗教者）が捜し求め、獲得した真実について、言葉以外には、その違いを見出すことができなかった。その結果、２つの宗教（集団）の考えを集め、諸テーマを集め。真実を求める人に基本的で、有益な知識を供給する一冊子とし、これを名づけて『二つの海の交わるところ（*Majmā al-Bahrayn*）』とした。」と、ダーラーは記述している。

　この書物は、いわゆる「存在の一元性論」に立つスーフィー思想と同じく「一元的存在論」を展開するヴェーダンタ思想に共通性を見出し、これを基礎として、この世界が神の顕現であり、人間は神の本質のミクロコスムである、というウパニシャッド的な世界観に強い共感を示すのである。そして、イスラム教が政治的、社会的にも絶対優位を誇るムガル統治下にあって、イスラムを相対化し、ヒンドゥー教をはじめとする多神教を、イスラムと同等な宗教として神学レベルから実践したダーラーの思想的な可能性は、イスラムと多神教徒との共存に道を開く思想の先駆となろう。そして、その背後にはインド的寛容思想があることを我々は知るであろう。

　ダーラーの思想の特徴は、アクバル以来続くムガル宮廷内の伝統を踏まえつつも、自らイスラム思想を極め、その上で伝統的なインド・スーフィー思想を受け継ぎ、イスラム教の持つ諸宗教への寛容思想、融和思想の可能性を最大限引き出

192　第２部　トピックス　現代の宗教問題

したことにある。

　ただ、不幸にして彼は肉弟アウラガジーブ帝（1628〜1658）との皇位継承戦争に敗れ刑死する。そして、彼の推し進めた融合思想、寛容政策は頓挫することとなる。しかし、その思想的な意義は、寧ろ現在において生かされるべきであろう。

非暴力という新しい道
　インド独立の父マハトマ・ガンディーは、非殺生は、何者も対抗し得ない強力な武器で、人間の最高善であるという信念のもとに、イギリスの植民地支配という過酷な状況から、非暴力、つまり血を流すことなく独立を勝ち取った、ことで有名である。

　ガンディーは「非暴力は、『悪に対する真の闘争をすべて断念すること』ではない。それどころか、私が考える非暴力は、その本質が悪を増大させるに過ぎない報復ではなく、悪に対する、より積極的な真の闘争である。」と述べ、さらに「その動的な状況においては、自らすすんで苦しみを引き受けることを意味する。それは悪人の意志に対する服従ではなく、圧制者の意思に全身全霊をもって対抗することを意味する」という、極めて積極的かつ、崇高なものであった。そして、その背後には「私は、剣を捨てたので、私に反対する人には愛の杯しか与えられない。愛の杯を与えることによってこそ、彼らを近くに引き寄せようと想う。」という思想があり、その背後には「戦争の効力への進行と戦争に伴う恐るべき欺瞞とごまかしを放棄し、すべての人類と国家の自由と平等にもとづく真の平和を作り出す」が彼の願いであった。

　ガンディー思想の背景には、「形はさまざまであるが、生命力を与える精神は一つである。……全ての宗教の最終目標はこの根源的な統一性を理解することである。」というものがあった。

　マハトマ・ガンディーの思想が、20世紀の人類に与えた影響というより衝撃は、暴力（軍事力）が幅を利かす国際政治の真っ只中にあって非暴力の力が、暴力を超え現実世界の問題に大きな影響力を与え得るということを実証したという意味で、人間精神の可能性の地平を広げたのである。これを中国の毛沢東の思想や行動と比較すると両者の違いに、インド文明と中国文明の典型的な相違を見ることができるであろう。毛沢東は、「鉄砲による平和」というような言葉で象徴されるように、武力によって中国統一を成し遂げた偉人である。そのために、どれほ

8　インド思想における可能性を巡って　*193*

どの人民の命が損なわれ或いは奪われたかは、あまり問題にされなかったようである。

　勿論、インドの寛容文明は、現実の政治体制においては、統一性の欠如とも言えるものであり、アショーカ王以降その版図に匹敵する領土を統一的におさめた王は、ムガル皇帝アクバルまで出なかったし、アクバル以降程なくインドは再び政治的には、実質的な分裂状態に陥る。一方中国は、強力な軍事力に支えられた中央集権体制を維持し、幾多の統一王朝が栄えた。その意味では、政治的には中国の思想が、より優れているとも言える。しかし、政治的な多様性とは別に、インドにおいては文化的な統一性は保たれたことも事実である。

　いずれにしても、インドの寛容文明を現代に復活させたマハトマ・ガンディーの思想は、アメリカの公民権運動の指導者キング牧師にも大きな影響を与えた、とされる。マルティン・ルーサー・キング（1929〜1968）牧師は、アメリカにおいて絶対弱者であった（つまり現実問題としての奴隷）黒人の地位と権利の向上、というより創生のために、非暴力の戦術を採用した。そして、この南部の黒人解放運動の指導者に大きな精神的な影響と非暴力が暴力を超えるための戦略的な先例を示したのが、マハトマ・ガンディーであったことは、良く知られた事実である。マハトマ・ガンディーやキング牧師の平和行進の姿は、非暴力の可能性、良心が暴力に勝ることを象徴するものでもあった。

　彼は志半ばで暗殺という悲運に見舞われるが、その精神つまりキング牧師の非暴力による闘争の背景には、「物理的力には魂の力をもって応えなければならない」という堅固な信念があったとされる。キング牧師は、荒れ狂う白人たちの暴力の嵐の中で、非暴力による運動を指導した。彼が公民権運動の文字通り先頭に立ち、多くの黒人たちを率いてデモ行進する姿は世界中に感動的でさえあった。彼は「闘いの本質は、白人に対する黒人の勝利ではなく、すべての人の自由と平等という民主主義の勝利の凱歌を上げることであり、それこそが白人と黒人がともに見るアメリカの夢である」と説き続け、黒人たちの先頭に立った。

　ガンディーとキングの両氏は、まさに軍事力という暴力を背景に、弱肉強食の近代西洋文明が跋扈する世界において、人間良心の可能性、つまり暴力による支配・非支配の垂直構造とは全く異なる、水平的な共存システム構築の可能性を、20世紀において示したのである。

つまり、マハトマ・ガンディーやキング牧師の行動は、近代文明の新たな可能性を開くものとして、文明の観点から大きな意義があったのである。

　しかしながら、21世紀を迎えた今日、世界の状況は彼らの時代から、前進したと言い得るであろうか？　特に、9.11以降の「テロとの戦い」あるいは、アラブの以降の混乱などを見ると、世界の情勢は暴力の応酬と憎しみ増幅の連鎖がますます拡大しつつある、と言っても過言ではない悲惨な状況にある。

　つまり、暴力が暴力を生み憎しみが新たな憎しみを生む、絶望のスパイラル状態である。このような状況を、如何に克服するか？我々一人ひとり真剣に考えるべきではないだろうか？

　そのような時、マハトマ・ガンディーの非暴力、平和思想を生み出したインド思想の「温かい寛容思想」に着目することは、決して無益ではない。特に、インドにおいて展開された多現的一元論思想による宗教間の共存の思想は、イスラム教とキリスト教、あるいはヒンドゥー教とイスラム教など、世界各地で頻発する宗教間の紛争に益するものがある、と筆者は考える。

まとめ　　　以上、インドの寛容思想に支えられた文明形態を概観してみた。このことから、インド文明が数千年間にわたり育んできた「非暴力」に支えられた「自他同置の寛容思想」の意義は、ますます大きくなっているということが言えよう。つまり、ヘブライズムや近代西洋文明が、切り捨ててきた多神教的発想、特に、その多神教原理に支えられたインド的な寛容の思想には、近代文明の対決の構図を根本から再構築する思想的可能性がある、ということである。

　以上のように、近代文明的発想に呪縛された現在社会が直面する問題の解決に、インド文明のあり方は、大きな可能性を持つ、というのが筆者の考えである。勿論、現在でもインドは階級差別、民族紛争、宗教紛争等々限りない紛争や問題を抱えている。しかし、そのような深刻な問題を抱える社会であっても、インドの歴史は、残忍な刑罰主義や軍事力による弾圧や強権支配という政治機構を採用しなかった。少なくとも、中心とはならなかった。

　それがインド文明の核心であり、このインド文明の持つ寛容こそ、文明の暴力と憎悪のスパイラルが渦巻く現在文明への処方箋、少なくともそこから重要な教訓を得ることはできると筆者は考えている。

8　インド思想における可能性を巡って　*195*

9　中華思想と孫悟空——中国の暴走は制御可能か？

中華思想が持つ限界とトラウマ　東アジアで、否、世界中各地で、今や経済大国となった中国の暴走（？）が止まらない。今や中国は失われた百数十年の屈辱を晴らさんばかりに、その強大な力を振るい続けている。世界の中心を自負してきた中国（中華思想と言われる思想である）は、その実19世紀の半ば以降、政治的統一を失い混乱の中に消耗し続けてきた不幸な歴史がある。

　しかし、今やその世紀単位の衰退期からようやく抜け出し、超大国とし復活しつつあり、中華思想も復活したというのが、昨今の中国の姿であろう。したがって、現在の中国社会には、超大国としての自覚も、それを支える伝統も残っていないであろう。現在の中国は経済的には俄か成金の如くであり、政治的には覇王の如くいたずらに力を誇示し、我を通したがる傾向がある。まさに東アジアの暴れん坊、悪しき中華思想の台頭という表現を用いるメディアの表現が妥当かどうかは別として、確実に近代的な文明システムとは異なる原理で行動しようとしている中国の存在は、世界的に大きな混乱要因となろう。

　勿論、それは単なる批判ではない。むしろ、19世紀以来世界を事実上席巻してきた近代西洋文明の陰りを意味するものであり、国際社会におけるイスラム世界の台頭とも、さらには急速に限界が見えてきた欧米型のグローバル化の一種の対抗現象であろう。これも新時代あるいは新しい世界秩序の到来を予告したハンチントンの予測を借りれば、世界のブロック化ということになろうか。これは、近代西洋文明（キリスト教起源の文明）の原理とは異なる、儒教文明の世界展開、逆襲ということになるであろう。

　もっとも、現在の中国が日本人のイメージする儒教国家であるか、と言われれば疑問符が付くという指摘も少なくない。というのも、イデオロギー的に現在の中国は、未だに共産主義を標榜する数少ない国家であるからである。しかし、これは中国の一面しか見ていないことになる。なぜなら、中国のイデオロギーは、秦の始皇帝以来天子（西洋流に言えば神の子、インド流に言えばデーヴァプトラであり、日本的には現人）が統治する国という意識があるからである。

つまり、この世において天子（今流に言えば神の子にも解釈できる）以上の力の
ある者はなく、すべての権限はこの天子に焦点が結ばれるような構造になってい
る、という考えである。いわば究極的な政教一元的な構造が、中華思想の思想構
造である。だから、中国の最高指導者が用いるものは、共産主義であろうが、儒
教であろうが、仏教であろうが、恐らくキリスト教であろうが、皇帝の統治のた
めの手段でしかない、ということである。

　この点を理解しないと、中国は矛盾だらけであるとか、個人崇拝の非民主的国
家であるとか、近代西洋キリスト教文明の見えない基礎を共有しない中国独自の
構造を批判的に捉え、敵対する或いは軽視する言説になりやすい。しかし、それ
はバイアスのかかった見方であろう。

　なぜなら近代西洋キリスト教文明下における政治と宗教の関係は、［1部2：
ドイツ人ルターの宗教改革とその思想］で示したように、当然であるが絶対の神
を想定した上で、人間はかりそめの存在として、その神の権威を代替する程度の
位置づけである。しかし、中国ではそうではない。中国では、アブラハムの宗教
の神に当たるような存在は、この世の皇帝が具現するである。その意味で皇帝が
あらゆる宗教の上に立つのである。

　この点を象徴するのが中国における仏教と皇帝の関係である。つまり、仏教が
中国に入ると皇帝以下が信者になるのであるが、南朝・梁の武帝は「皇帝菩薩」
と称されるようになり、一方北朝・魏の孝文帝は、「皇帝即如来」と称した。こ
のようなことは、宗教世界と世俗世界が峻別され、最下位の僧侶でも、国王はそ
の足を拝する（インドの礼法で、尊敬を表す）南アジア、東南アジアなどではあり
得ないことである。つまり、国王といえども俗人は、あくまでも聖なる領域以下
の存在であるという構造である。しかし、中国ではそうではない、イキガミ様的
な天子を超える者は、この世には存在せず、超越的な神・如来・菩薩であろうと、
天子が第一であり、仮にそうでなければ天子がその至尊の存在と一体化し、この
世に具現するという考えである。

中国が作る新秩序をどう考えるか？　孫悟空と中国の共通点　　閑話休題、
ところで筆者は、現在の中国の振る舞いを見るにつけ、中国でも最も有名かつ人
気のある物語のひとつとされる『西遊記』の主人公孫悟空を思い出す。日本でも

9　中華思想と孫悟空　*197*

なじみの深い『西遊記』であるが、そこに描かれている孫悟空のキャラクターを現在の中国に重ねてみると、大変興味深い共通点が見出せる。
　『西遊記』によれば孫悟空は、東の果ての岩から生まれた石猿（このサルというのが、実はインドの獣神のハヌマーンである可能性が高い。それまでの中国で、サルが実質的な主人公の物語である『ラーマヤナ』の影響であろうか？　筆者は『西遊記』は、インドの国民的な文学であり、広く東南アジア一帯で親しまれている『ラーマヤナ』の中国版とも言えるものではないか、と考えている。そして、日本ではそれが「桃太郎」のおとぎ話に影響を与えていると推測している）であった。
　さて、この生来性質が荒々しく力も強かった石猿は、忽ち禽獣を征して王となった。しかし、小国の王に飽き足らずさらに上をめざし、仙人のもとで厳しい修行をし、妖術を身に着ける（近代化がこれに当たるか）。この時、孫悟空という名を賜ったとされる。このストーリーも注目される。というのも孫は中国を代表する名前であり、悟空とは「空を悟る」ということで仏教の神髄を体得した、というかなり尊大な名前である。現在的に言えば、西洋文明化を身に付け、これを凌駕したという自己認識である。
　ところが、この孫悟空は、師匠の言いつけを聞かず（国際社会のルールに従わず）神通力を用いて（習得した近代文明を用いて、あるいは乱用して）天界を混乱させ、破門される。その後、自らの王国を立て直し、その余勢を駆って今度は、地獄や天界にまで出向き（世界各地に進出）大暴れする。神々は悟空の凶暴ぶりに手を焼き様々な懐柔策を提示するが、悟空の慢心を増長するだけで、その行状はエスカレートするばかりであった（新しい国際秩序の形成を試みている現在の中国を連想させるが）。挙句の果てに、禁断の木の実や仙薬を盗み食いし、天界の秩序を滅茶苦茶にする悟空に、弱り果てた神々（国際社会）は、最後の手段として、如来（残念ながら、この存在はアメリカではなさそうである）に悟空征伐を依頼する。

孫悟空のモデルのハヌ・マーン（猿神）

如来は直ちに駆けつけて、暴れる悟空の前に立ちはだかる。悟空は、立ちはだかる如来に、自らの力を誇示し、勝負を挑む。如来は「ならば、わたしの手のひらより飛び出してみるがよい」と挑発する。怒った悟空は、キントウンに乗り世界の果てをめざす。そうこうするうちに孫悟空は、目前に5本の柱が立っていることに気づく。これが天の柱と思い込んだ悟空はそこへ「斉天大聖到此一游（斉天大聖＝孫悟空ここにいたる）」と書きつけると、小便まで引っかけて帰って来る。しかし、悟空が天の果てだと思ったところは、実は如来の手の上であった。悟空は、如来や神々の怒りを買い周知のように長い囚われの身となるが、後赦されて三蔵法師のお伴をして天竺に経典をとりに行くということになる。

　結局この暴れん坊の孫悟空を諭し、従わせることができたのは、腕力でも、財力でもない三蔵法師、つまりは仏教の教えであり、遥か天竺から中国に経典をもたらすという善なる使命感である。これが血気にはやり、暴れ狂う悟空自身を救うことともなった。よき中華思想への転換である。

現実中心の中国文明と精神重視のインド文明

　一般に国民文学には、その国民性が色濃く現れる。つまり、彼らの世界観や気質が、無意識のうちに表現されているのである。この『西遊記』をそのように読むならば、主人公である孫悟空、それは中華人民共和国、さらには中国人を象徴することとなり、その性格や振る舞い、さらには思考が、ここに表れていることとなる。つまり、悟空のキャラクターには、中国人の気質、あるいは性格が投影されているのではないだろうか。しかも、この『西遊記』には、中国の仏教やインド、西方諸国への無意識の憧憬、あるいは畏怖の念が現れている。

　この点を象徴する事実がある。この事実はインド哲学者や文明論者からはしばしば指摘されることであるが、その理由はあまり明らかでない。つまりインドから中国への文化的影響は、中国文明の隅々にまで及んでいるが、逆に中国からインドへの影響は、全くと言ってよいほど見られない。

　なぜシルクロード交易で盛んに両者は交流したのにこのような一方的な差がついたのか？　その理由は不明である。恐らく、仏教を中核として形成された仏教文明の精神世界の深さ、複雑さ精緻さが、現実主義、物質主義の中国文明に勝っていたのであろう。つまりソフトウエアーで勝るインド文明が、実用的で、現実

的であるが、精神世界における深みの足りない中国文明を凌駕したということであろう。

それは『西遊記』の三蔵法師と孫悟空の関係からも推測できる。つまり、明らかに腕力では悟空に劣る三蔵法師が、圧倒的に強い孫悟空を制御して、正しい目標（この場合は仏教の経典を求めるという設定であるが）に導くという筋書きである。

この『西遊記』には、中国を象徴する孫悟空の弱点、さらには制御法が象徴的に書かれているのではないだろうか？　少なくとも、中国民衆がインドや仏教への無条件の畏怖と憧憬を持っているという事実をこの物語は表している。

現在の国際状況の打開のヒントにすることはできそうである。たかが『西遊記』、されど『西遊記』、同書を戦略的に読むのも現代においては意味あることではないか？

⑩ 文明論から見た天皇制

平成の世になって30年、今上天皇が退位されるという一大事業を踏まえて、天皇の存在について多少考えてみよう。

天皇の存在は、様々な機能が複合的に絡み合い、しかもそれが長い歴史性という重層性を持っているが故に、その存在を簡単に分析することはできない。とはいえ日本の歴史上、1500年以上に及ぶ息の長さ、そして文化のあらゆる部分に絶大な影響力を持ち続けた天皇の存在は、文明論的に大変興味深い研究対象である。

ここで言う文明論とは、特定の学問の立場を超えて多面的な視点から総合的に人類史を考察する学問を言う。したがって、本項では、社会学、歴史学、政治学、文化人類学、宗教学等の領域をクロスオーバー的な視点から論ずることになる。

一般に文明論は、その扱う領域もまた期間も、そして研究する対象も非常に広く、またその視点はダイナミックである。繰り返しになるが、文明論は、人類の営みを最も大きな枠組で分析する学問、それが文明論である。この文明論は、人間の歴史を広範囲に、しかも数百年単位という巨視的な視点でながめ、さらに政治・経済・文化・宗教というように分析対象を細分化せず、総合的に研究する方

法論を持つ。

　この文明論の立場を地図にたとえるとわかりやすい。つまり、町内会の地図のように横丁の隅々まで描く地図から、世界地図まで、地図にはその用途によって様々な縮尺がある。そして細かい歴史的な事実を積み上げる一般の歴史学を、小さい縮尺の地図にたとえれば、文明論はまさに地球を人工衛星から眺め作成可能となる最大縮尺の地図、地球全体を一望できる地図の如く、人類史を巨視的視点で見る学問となる。

　この文明論によって日本を見た時、その最大の特徴は、天皇の存在である。そして文明論的に見て、日本の天皇ほど不思議な存在は他の文明においても希である。それは、日本が文明化した、つまり国として一応のまとまりを持った6〜7世紀以来、現在に至るまで、天皇が一貫して国の中心、つまり権力や権威の中心にあり続けた存在だからである。このように長く、国の中心に位置した存在は、恐らくかつてのエチオピア王朝（その歴史は、3000年にも及ぶアフリカ最古、というより世界最古の絶対君主国家。エチオピア王朝の始祖は、紀元前1000年頃のシバの女王と、ソロモン王の間に誕生した子供とされた。その最後の皇帝は、ハイレ・セラシエ1世で、共産軍によって1975年廃位された）以外には、存在しないであろう。ただし、エチオピアの信仰は、古代以来一貫してはいない。その点が、古来以来一貫して神道の祭主の地位を保持してきた天皇と、エチオピアの皇帝は異なる。

　ところで、この天皇の分析は容易ではない。というのも天皇の存在には、様々な機能が複合的に絡み合い、しかもそれが長い歴史性という重層性を持っているからである。そこで、本項では、この天皇の存在を比較文明論的に考えてみたい。

カリスマとしての天皇　　長い歴史と複雑な機能を持つ天皇を論ずるのは容易なことではない。しかもそれを10頁ほどにまとめるのは至難の業であるが、天皇の存在を考える上でM・ウェーバー（1864〜1920）のカリスマ論を参考にすると、理解しやすいであろう。

　天皇をカリスマとした場合、そこには大きく分けて5種のカリスマの形態が考えられる。まず、第一に血統カリスマである。つまり、近代以降特に強調された万世一系という血統カリスマである。第二が宗教（道徳を含む）カリスマである。祭祀王、仏教の大檀那・外護者、さらには実践者としての宗教リーダーの側面で

ある。第三として政治カリスマである。つまり古代における大王、中世においては権門体制下、弱体化しつつもいわばキング（政権担当者）メーカー（形式的にしろ任免権を持つ）としての天皇、そして近代以降の文字通りの絶対君主としての天皇の側面である。さらに、第四として文化カリスマである。つまり文化のリーダー、保護者、推進者としての存在である。さらに第五として加えるならば、これらを総合したウルトラカリスマとしての天皇の役割である。特に、神聖政治の長としての明治憲法下の天皇がこれに当たる。さらに、現在の天皇において特に顕著である天皇の対外的な役割の中で、日本のトップセールスマンとして天皇の役割についても触れてみたい。

　もっとも天皇の存在は、これらの要素が複雑に絡み合い、形成されてきた。しかも、各時代にこれらの要素の一部が、特に強調されたり、弱められたりしており、時代によってその役割が大きく異なって来たことは、周知の通りである。この点が天皇の存在の分析が難しい点である。

　次に天皇を構成する各要素を、個別に検討しよう。

血統カリスマとしての天皇

血統カリスマという言葉は、あまり厳密な用法ではないが、ここでは血統を重視する社会の中で、最高の血統を誇り得る存在を血統カリスマと呼ぶことにする。そのように考えると、日本の天皇は、典型的な血統カリスマということができる。

　もっとも、現在の日本人が、血統カリスマとしての天皇と聞くと、『大日本帝国憲法』の第一条の「大日本帝国ハ万世一系ノ天皇之ヲ統治ス」あるいは、その序文の「朕祖宗ノ遺烈ヲ承ケ万世一系ノ帝位ヲ践ミ」という言葉を思い浮かべるであろう。特に、戦前の教育によって徹底された「天皇は神話の時代から万世一系で、受け継がれてきた存在である」という認識である。

　勿論、この場合の「万世」も「一系」も、同憲法に依れば、その第2条の「皇位ハ皇室典範ノ定ムル所ニ依リ皇男子孫之ヲ継承ス。」ということになり、あたかも男子の直系が継承してきた、というような印象を受ける。しかし、周知のように実際には、皇位の継承は、少数とはいえ女性の継承もあり、また親子もあれば、兄弟相続や甥から叔父、さらには遥か遠縁の場合と、世代を逆行したり、また縦断したりと様々であった。

202　第2部　トピックス　現代の宗教問題

つまり、日本の天皇における血統カリスマの血統とは、父から子へと継承される父系制のそれではなかった。むしろ、天皇の地位を継承するに足る「血筋を引いている」と、臣下が認めるということが、最も基本的な、いわば天皇継承の最低限必要な要素であった。例えば、継体天皇の皇位の継承がまさにそれに当たる。『日本書紀』には、武烈天皇が57歳で崩御した時に、大伴金村が「まさに今絶えて継嗣無し。天下、何の所にか心を繋けむ。古より今に至るまでに、禍斯に由りて起こる。今足仲彦（応神）天皇の五世の孫倭彦（後の継体天皇）王……。就（ゆき）て迎へ奉りて、立てて人主としまつらむ」と言い、許勢男人大臣以下群臣が、倭彦王が天皇となることを希った、という。倭彦王は、これを固辞したが、群臣の要請が度重なったので、ついにその申し出を受け入れたという。その結果即位したのが継体天皇である。

　同様のことを『神皇正統記』は、「応神五世の御孫」である継体天皇の即位について、「武烈（天皇）かくれ給て皇胤たえにしかば、群臣うれへなげきて国々めぐり、ちかき皇胤を求め奉りけるに、此の天皇王者の大度（態度）まして、……。群臣相議（はか）りて迎え奉る。」とし、しかも「皇胤たえぬべかりし時、群臣擇（えらび）求奉き」とある。

　この意味するところは、天皇の直接の子孫が途絶えた場合は、群臣が協議して新しい皇統を形成することができるということである。しかもその条件のひとつに、人間的な魅力、道徳的要素が重視されている。つまり大伴金村が継体天皇を選んだ理由が「男大迹王（継体天皇のこと）、性（性格）慈仁にありて孝順ふ。天緒（あまつひつぎ）承へつべし。」（『日本書紀』）としている。これは、天皇の跡継ぎが途絶えた場合は、遠縁者であろうと人格の優れた人を跡継ぎにすることができる、ということを意味している。勿論、その時にも新しい天皇は、古の天皇との血縁関係を持つことが要求されるのであるが、五代も隔てて果たして血縁者と認識していたかは疑問である。

　とは言え、このようなことは歴史上しばしば見られた。その中でも特記すべきは、江戸末期の光格天皇（1758〜1840）である。この天皇は、近代天皇制確立の立役者といっても過言ではない存在である。彼は、東山天皇（1675〜1709）の曾孫であり、前の天皇である後桃園天皇（1758〜1779）は又従兄弟の子という関係であった。この光格天皇も先帝の急死によって、急遽即位がなされた天皇である。

以上のことを考えると、血統カリスマとしての天皇は、明治憲法によって定められた「万世一系」という概念、つまり男性長子相続的な儒教、特に朱子学的な血統（一系）意識ではないことが明らかである。いわば、天皇家は人類学に言うクラン（同属）において、持ち回りで継承されてきた血統カリスマの地位という位置づけができよう。この点で、中国の血統認識とは大きく異なる。儒教では、あくまでも男子直系、特に長子相続が基本である。その意味では、日本の天皇の血統カリスマは、直系男子を必ずしも不可欠としない、点に特徴がある。そもそも神話によれば、日本は女系家族が優勢である。

　この点は、イスラムの伝統とも異なる。イスラムにおける血統カリスマは、ムハンマドの血統である。一般にイスラムでは、父系のみの血統を重視する。そして、そのムハンマドの血を引く者が、サイード系と呼ばれ、その子孫群を形成している。その数、数百万人と言われるが、彼らはその父系をたどればすべてムハンマドに到達する、とされる。つまり父系絶対主義である。そして、彼らはサイード系であるということで、社会的に宗教的にも崇拝される。

　それは『コーラン』に次ぐイスラムの聖典である『ハディース』の「統治の書」の冒頭に「人々は善においても悪においてもクライシュ族に追従する」と述べられたことにも明らかである。このクライシュ族の一員であり、すべての人間の長がムハンマドであり、その子孫であるサイード系は、まさにイスラム教徒の頂点をなす。だから、彼らを敬えというわけである。そして、イスラム王朝・貴族のかなりの数の創始者は、このムハンマドの末裔である。

　もっとも、ムハンマドは、不幸にして男系を残さなかったので、その男系は実は、彼の娘の息子から始まることとなる。これはアラブの認識から言えば、ムハンマドの血統は途絶えてしまった、ということになる。しかし、歴史に例外はつきものである。要は血統カリスマといえどもカリスマ的権威を民衆が認めるか否か、というところに重点があり、論理上の矛盾は大きな問題とはならないのである。しかし、民衆が一度、その血統の由来を受け入れれば、たちまちその血統主義は、血のアニミズム的信仰集団を形成し、不動の価値基準となる。それは富や権力・武力というような人間の営みに拠って形成されたものではない、天与のものであるが故に、最も基本的なカリスマ的な要素である。

204　第2部　トピックス　現代の宗教問題

政治カリスマとしての天皇　　　政治カリスマ、つまり政治的リーダーとしての天皇の存在は、多言を必要としないであろう。しかし、政治カリスマとしての存在は、実はそれほど明確ではない。なぜなら、歴史時代（７世紀位）以降の日本における天皇の存在は、実質的に権威はあっても、権力は行使しないという存在であったからである。特に、平安期以降の摂関家や、鎌倉以降の武家による政治が行われた時期は、天皇の政治カリスマとしての存在は、有名無実化していた。しかし、その時にも、天皇は権力に、権威を付与するという意味で、キングメーカー的存在であり、その政治的な役割は、決して小さくなかった。

　それは天皇が、後に検討するように政治に権威を付与するために重要な宗教（日本的には神道となるが）の祭主の地位を決して手放さなかったということが重要であった。以下は、天皇の宗教カリスマとしての天皇とも関係するが、ここで論じておこう。

　つまり、民族宗教である神道を信奉する日本人一般にとって、その神道の中核に天皇による国家支配の正当性（天壌無窮の神勅など）が、位置づけられている以上、これを覆す手段は、棄教以外にはないが、日本に入ってきた宗教で、これを実現した宗教はない。

　つまり、外来宗教である仏教は、超越主義であり、かつ中国においてインド的な王権の超越性さえも失ったために、天皇制を脅かす存在にはははからならなかった。唯一天皇制の危機を予感させたものは、キリスト教の伝播であった。特に、戦国時代末のキリシタンの急激な増加は、当時の為政者を恐怖させた。一般には、秀吉や家康を恐怖させたことになっているが、長崎などで行われたキリスト教徒による神社仏閣の破壊の凄まじさは、当時の朝廷さえも恐怖させたはずである。

　しかも、同様の危機感は、明治においても見出せる。なぜなら、明治初期に行われた廃仏毀釈により、仏教を弾圧した復古神道を標榜した明治政府が、早くも明治８年には、仏教との連係を強める方向に180度政策転換した背景は、急激に増加したキリスト教への危機感が一因であった。

　しかも、神道を擬似キリスト教的な国家（国体）神道に仕立て上げ、日本のキリスト教化を防ごうとしたのも、すべてそれが神道と天皇の関係を破壊する危険性があったからである。

　もうひとつ、政治カリスマとしての日本の天皇に特徴的なことに、日本の天皇

10　文明論から見た天皇制　*205*

が、独自の軍隊を持ち、自ら戦争を指揮することはほとんどなかった、少なくとも戦地に赴くことは、神話時代や南北朝の動乱以外では、ほとんど見られなかった、という点である。

これは日本の天皇に特異なものであろう。外国の皇帝や王は、自らの統治の正当性を軍事的な支配に求めるので、皇帝の地方遠征、巡察にはことのほか意を用いた。例えば、アレクサンダー大王（紀元前356〜同323）が東方大遠征を行った理由のひとつは、自ら支配することとなったペルシャ帝国の領土に、新皇帝としての存在を知らしめる目的があった、と言われている。

いずれにしても、日本の天皇は遅くとも、歴史時代以降その社会的な地位は、不動のものであったから、あえて諸国民にその正当性を知らせることも無かったし、また、権力を失った後は、一種の祭祀王として存続してきたので、民衆に自らの存在を直接アピールする必要もなかったのである。

例外的に、天皇や上皇が政治カリスマになった例としては、後白河天皇（1127〜1192）や後醍醐天皇（1288〜1339）の存在がある。彼らは血統カリスマに加え政治カリスマ、そして宗教カリスマ的存在となり、権力をほしいままに操った。しかし、天皇がこのような絶対権力を手に入れた例は、歴史上例外的であった。

特に、明治・大正・昭和の天皇は、血統カリスマ・政治カリスマ・軍事カリスマ・宗教カリスマそして、文化カリスマのすべてを一身に集めるウルトラカリスマの創出と定着のために、積極的に地方巡幸した。

宗教カリスマとしての天皇　　次に、宗教（道徳）カリスマとしての天皇について考えてみよう。仏教が入ってくるまでの日本の古代社会において天皇は、神々を祭る主体、つまり祭主の立場にあった。古代社会においては、か弱き人間の存在は自然条件に左右されることが多く、人々は強大な自然の力に畏怖し、これを敬った。このような素朴な信仰の中から、神道（古い神道の形、神祇信仰）は生まれたのであろう。そして、その神道の祭主として、天皇の存在が生まれた、と言われている。しかも、古代社会では、世界的に見られることであるが、天皇は所謂祭祀王として、宗教領域と現実社会の双方をリードする存在であった。

一般に祭祀王は、宗教権威と世俗権力を一身に享ける存在とされ、しばしば現神（あきつかみ）とみなされる。つまり、天皇は神のやどる器、つまり天皇霊の

憑依する対象、という呪術的な発想から、やがて目に見えない天皇霊が、現実の姿をとって現れているものという認識となる。

このような神の具体的な顕れとしての現神的存在は、未開社会では世界的に見られるものである。さらに文明化社会でも存在した。有名なものはエジプトのファラオであり、インカ帝国の王なども、現神とされた。しかし、最も近い存在では、中国の天子であろう。中国の皇帝は、天子と称し、自ら神的存在として君臨した。勿論、神そのものではないがそれに近い存在と考えられてきた。だから中国では、仏教の僧侶を、神の子である王が礼拝する、という仏教の大原則に大きな違和感を持ったのである。

つまり中国では、神に近いのは天子であり、そのために僧侶に皇帝礼拝を強制した。これに対して、初期の慧遠（334〜416）などの仏教者は、インドの伝統から、王者不拝の原則を主張し、大きな問題となった。つまり、相対的に宗教権威が、世俗権力に勝るインドでは、世俗の長である王といえども、聖なる領域に属する僧侶に対しては、跪き礼拝する。それはインド史上最強の王であるアショーカ王にしても例外ではなかった。その伝統は、上座部仏教国のタイでは今も守られている。

しかし、天子の観念の強い中国では、結果的に仏教も天子の目には、数ある宗教のひとつであり、天子の保護下にある、と考えられた。だから、僧侶も天子を礼拝しなければならない、というのが中国の考えである。この傾向は、日本に至り一層顕著となった。日本では、僧侶といえども朝廷から権威を保障されることが古代以来の伝統であった。いわば、日本社会には、祭祀王としての天皇がおり、その祭祀王の下に、仏教という異国の宗教が存在する、という位置づけである。

そして、この形式は天皇制が衰退した南北朝の時代でさえ守られたのである。ただし、政治カリスマとしての天皇の権力は勿論、祭祀王としての天皇の権威が衰微した平安以降の天皇は、その職をいち早く他者に譲り、法皇となって出家し自らの来世の幸福（成仏）を願う天皇も少なくなかった。しかしこの時も宗教カリスマとしての地位は保たれた。

彼らは寺を建て、仏教の教えを深く学び、いわば仏教の外護者、仏道修行者となった。その意味で、日本における仏教の指導者、仏教的な祭祀王とも言える存在であった。天武・持統天皇以来本格的に日本の仏教は、天皇・皇室と結びつく

と言ってもいいであろうが、以来明治に至るまで、日本仏教の最大の外護者は、天皇であり法皇であり皇室であった。少なくとも、天皇は用明帝以来、一部の例外を除き仏教徒であったことは、現在あまり重視されていないが、宗教文化史上において、決して忘れてはならないことである。しかもその宗教は、各時代の道徳とも直結しており、天皇はその道徳の体現者としても期待されていた。

文化カリスマとしての天皇

天皇は、日本社会のリーダーであり続けた。それは時に政治であり、宗教であったり様々であるが、こと文化のリーダーの地位は、有史以来今日に至るまで一貫している。

周知の如く、仏教信仰も天皇皇族のリードで日本文化に定着したのである。仏教文化の典型とも言うべき火葬も、異論もあるが在俗信者として最初に行ったのは、持統天皇（645～702）であった。以来、歴代の多くの天皇は火葬であった。この火葬は、現在では日本中に広がり、今日では国民の100％近くが火葬である。

また、古代文化のタイムカプセル正倉院の宝物は、東大寺大仏開眼供養の際の文物、そして聖武天皇や光明皇后らの遺品であるが、その精緻さ、量の膨大さなど、文化の中心としての天皇の存在がおのずと知られる。そのほかにも、寺院仏閣しかり諸芸道しかり、天皇の保護を受けて発達したものは、枚挙にいとまがない。天皇は文化カリスマとして、常に最高の文化の享受者と同時に保護者、開拓者でもあった。

例えば明治以降、天皇は率先して西欧化を体現した。つまり、天皇自ら髪を切り、洋服を身にまとい、獣肉を食べ、牛乳を飲んだ。明治のはじめのことである。また、現在一般的な神前の結婚式も大正天皇のご成婚時にその儀礼が定められたものである。

ウルトラカリスマとしての天皇

明治以降の近代天皇は、政治・宗教・文化カリスマ的要素をすべてその身に収斂させるという意味で真の絶対君主、ウルトラカリスマであった。近代型の絶対君主制をめざした明治国家であったが、日本は欧米の近代国家とは根本的に異なる構造を持っていた。それは、宗教と世俗世界を一身で統べるウルトラカリスマである天皇の存在がある故であった。

明治時代に確立された近代天皇制においては、天皇は宗教上の長であるのみな

らず祭神であり、かつ世俗の長としての国王、帝国制以後は皇帝を兼務する名実共に神聖絶対君主であった。これは近代国家としては、何処にもない存在である。唯一近い存在としてイギリス（正確には、イングランド国王となるが、現在は、ほぼ同義）がある。

　それは、日本の天皇（敗戦前の昭和天皇まで）とイギリスの国王（現在は女王）のみ、宗教権威と権力の頂点、最高権力者という２つのパワーを兼ね備える存在だからである。つまり、神道の祭主であり、また世俗権力（国会の開催や総理などの承認）の拠り所、源泉という位置づけである（もっとも、現行憲法ではその立場の解釈は、曖昧であるが、形式的にしろ天皇の承認や決済を受けなければならないこと、所謂国事行為の範囲は広い）。

　この点で、イギリスの王制も同様である。周知のようにヘンリー８世以来、イギリス国王は、イギリス独自のキリスト教の派閥であるイングランド国教会として独立しており、イングランド国王は、このイギリス国教会の主長（いわばカトリック教会の教皇に当たる）でもある。つまり、両国は、神道とキリスト教という違いはあるけれども、共に民族に内向（つまり民族主義）する宗教を作り、それの宗教的権威と世俗権力の頂点を天皇、国王が兼務するという形態を取っている。ただし、イングランド国教会といえども、その神はキリスト教さらにはアブラハムの宗教の神と共通の神である。

　いずれにしても制度的に両国は、天皇・国王を唯一至尊、聖上とする祭政一致構造、神聖政治的な構造を持っている。これは古代社会や現在でも未開社会において見られる形態であるが、それが巨大で複雑な近代社会（文明社会）にまで継続されているのは、珍しい。かなり近似した例として、ヒマラヤ山中の小王国に見られる程度である。

　ただし、近代天皇制は、天皇を祭主であると同時に自らが祭神、現神（あきつかみ）となっており、その意味でイギリス国王の世俗領域の絶対性以上の宗教領域においても絶対性を理論上持っていたことになる。

　これは究極的な絶対君主制、いわば古代文明に見られた神聖王政と同じ構造をしているのである。ただし、天皇に世俗領域の絶対権力を付託すると、第二次世界大戦の敗戦時に、昭和天皇が戦争責任を問われて危機に瀕したような事態を招きかねない。国体護持を最優先させたはずの戦前の国家体制が、結果的に天皇、

天皇制の存亡の危機に追いやったという教訓は、２度と繰り返すべきではないであろう。

　少なくとも、近代天皇制を基準に、現在そして近い将来の天皇制を論ずることは、はなはだ危険ではないだろうか。

「クラ」としての天皇

　次に、現在の天皇であればこそ生まれる機能、特に不遜な言い方をすれば、日本のトップセールスマンとしての天皇、天皇の外交的意義、特に経済との関係について、考えてみよう。それを考える上で参考になるのが、クラ交換というシステムである。

　例えば、日本と中国の経済交流と天皇の関係にそれは明確に認められる。つまり、現在貿易額のベースで、中国はアメリカを抜いて日本の最大の貿易国となりつつある、という。もはや、日本と中国は経済的には、一蓮托生、不可分の関係になりつつある。かつて、日本を敵国視していた中国が、何故日本と経済的にこのような密接な関係を築くに至ったのか。そして、天皇がそれにどのように関わっていたのかを、次に考えてみたい。

　読者の中には、日中の経済活動の活発化と天皇の関係は、直接には認められないのではないかと、思うかもしれないが実はそうではない。というのも、以下述べるように、近代以降ギクシャクしていた日中間の関係は、1992年４月の江沢民国家主席の訪日と、同年９月に行われた天皇の訪中を期に、大きく進展したと、思われるからである。

　事実、1992年９月に行われた天皇の訪中は、同年４月に行われた江沢民国家主席の訪日に対応するものとして行われた。特に天皇の訪中は、日中両国の歴史において大きな区切りとなった。というのも、近代以降の日本は西欧化に邁進し、かつて師と仰いだ中国や朝鮮と袂を分かち、さらにはそれらを欧米流の論理で、植民地支配する等の行動に出たために、東、東南アジア諸国に、日本への不信感を強烈に与えたことは事実であるからである。特に、中国との関係は、微妙であった。例えば、中国は日中戦争の戦場になり、多大な犠牲をしいられた。そのために中国の人々には、日本への怨念が小さからずあることは、否めない事実である。

　いずれにしても、中国人の中には、日本に対して快く思っていない人は沢山い

たはずである。まして、日本軍の侵略から中国国民を救った、という建前を建国の正当性のひとつとする中華人民共和国である。日本を貶めることが、自らの国家統治の正当性を高めることになるのであるから、反日感情を煽るのは当然である。そのような日中関係は、田中角栄首相の訪中で、一応一区切りとなり、国交回復が実現した。

　しかし、両者の関係は決して良好なものではなかった。それもそのはずである。両者には真の友好関係を築くための信頼関係が確立していなかったのである。そこで、1992年に国交回復20周年を記念して、天皇の訪中がなされたというわけである。

　この天皇の訪中以来、日本と中国の関係は大きく進展し、経済的に急速に深まり、現在のような日中運命共同体的な関係を築くまでになった。

　では何故、日中国交回復20周年の記念事業に天皇が、訪中したのか、そしてその結果、両国の経済的な関係が一気に密接化したのか、という点を人類学的に考えてみよう。

　人類学的に天皇の訪中を考えると、日中の間でクラ交換がなされた、ということが言える。まず「クラ交換」とは何か、について、簡単に紹介しよう。クラ交換とは人類学で用いられる概念である。これはニューギニアのマッシムという地域で行われる壮大な貿易活動を指す。この貿易活動は、現在においてはほとんど意識されなくなってしまったが、経済活動においては重要な要素、つまり互いの信頼関係の上に、経済活動は成り立っている、ということを象徴的に表す事例とされる。

　このクラ交換の主役は、ムワリヒと呼ばれる子安貝などで出来た腕輪やソウラヴァ（あるいはバギ）と呼ばれる首飾りなどである。彼らはこの両者をそれぞれ特別仕立てのカヌーによって定められた島に、命がけで運んでゆく。時には数千キロにもなる大海原を渡航する場合もある。まさに命がけである。

　ところで、何故彼らはこのような危険を冒してまでムワヒリやソウラヴァを運ばなければならないのであろうか。確かに、これらは貴重な品である。しかし、客観的に見て、命を懸けてまで運ぶに値するか、と言えば疑問が残る。しかし、彼らはこれらの交換のために躊躇なく大海に漕ぎ出すのである。なぜならば、彼らはクラ交換を行うことで、異郷の人々或いは信頼と友好関係が築かれていない

10　文明論から見た天皇制　*211*

他国の人々との間で、信頼関係の構築、あるいは回復とその維持ができると考えているからである。

　つまり、この地域の人々は、命がけで大海を渡り、クラ交換のためにやって来る人々の熱意と誠意に対して、友好と感謝の念を懐くことになる。いわば、クラ交換によって、両者の間に友好関係が生まれるのである。つまり、クラ交換は一種の外交活動である。しかし、クラ交換はこれだけにはとどまらない。クラ交換の目的は、もうひとつある。それが、クラ交換を通じて形成された友好関係、信頼関係を基礎として、行う経済行為、つまりギムワリ交換である。

　このギムワリ交換とは、日常的な経済行為であり、いわば取引行為である。したがって、当然過激な駆け引きが行われ、特には売買を巡って対立抗争も生じかねない。その時、両者の間に信頼関係がなければ、ことは重大な事件に発展しかねない。そして、そのような無用な対立を回避するために、ギムワリ交換の前提として、クラ交換がなされるのである。

　つまり、重要なものを交換し合い、お互いに信頼関係を構築する、という文化システム、これがクラ交換である。このクラ交換のために万里の波濤を越え、身の危険を晒す。そうすることで信頼関係が生まれ、経済関係がスムースとなる。

　日中関係を考える時、日本社会の至尊である天皇と中国の至高である国家主席が、互いに他国を訪れるということは、丁度日中両国がクラ交換を行った、ということになるであろう。特に、日本は中国に天皇というかけがえのないクラを預けたのである。それは、中国を信頼しなければできない行為である。また、中国もこれを受け入れた、という意味で両者の信頼関係は、著しく強化された。だからその後のギムワリ交換は必然的に、ビジネスライクに行われるようになったのである。

　その結果、1992年以降の日中の貿易額は、驚異の伸びを見せたのである。

　以上のように、日本の天皇制（これも近代以降の用語であるので用いるには注意が必要だが）は独自の伝統を有し、日本社会の各々な面において機能してきたのである。故に、天皇制を論ずる時は、近視目的であってはならず、歴史的かつ多面的なその機能を総合的に考察することが不可欠である。

＊　本書は科学研究費の成果を一部活用している。

著者略歴

保坂　俊司 （ほさか　しゅんじ）

1956年　群馬県渋川市出身
　　　　早稲田大学大学院文学研究科修了
現　在　中央大学大学院教授
　　　　筑波大学大学院非常勤講師
　　　　(公)財団法人中村元東方研究所理事
　　　　中国社会科学院研究員
主　著　『シク教の教えと文化』平河出版社、1992
　　　　『インド中世思想研究』（前田専学編著）春秋社、1991
　　　　『人間の文化と宗教』（共著）北樹出版、1994
　　　　『人間の社会と宗教』（共著）北樹出版、1996
　　　　『イスラームとの対話』成文堂、2000
　　　　『仏教とヨーガ』東京書籍、2004
　　　　『インド仏教はなぜ亡んだのか』（改訂版）北樹出版、2004
　　　　『イスラム原理主義・テロリズムと日本の対応』北樹出版、2004
　　　　『国家と宗教』光文社、2006
　　　　『宗教の経済思想』光文社、2006
　　　　『癒しと鎮めと日本の宗教』北樹出版、2009
　　　　『「格差拡大」とイスラム教』プレジデント社、2015

グローバル時代の宗教と情報──文明の祖型と宗教

2018年10月25日　初版第1版発行

著　者　保　坂　俊　司

発行者　木　村　哲　也

・定価はカバーに表示　　　印刷　新灯印刷／製本　川島製本

発行所　株式会社　北 樹 出 版

〒153-0061　東京都目黒区中目黒1-2-6
電話(03)3715-1525(代表)　FAX(03)5720-1488

© Shunji Hosaka 2018, Printed in Japan

ISBN978-4-7793-0588-7
（落丁・乱丁の場合はお取り替えします）